Flute

もっと音楽が好きになる 上達の基本 フルート

神田寛明 著
Hiroaki Kanda

音楽之友社

はじめに

　私は9歳（小学校3年生）でフルートを始めてから今日まで、常にオーケストラで演奏してきました。

　最初に入ったのは、小学校低学年から大学生までが一緒になって演奏するオーケストラ。ハイドン、シューベルト、ヨハン・シュトラウスなどの名曲から、比較的やさしいものを繰り返し練習して、4の倍数でできている楽節の感覚と、休みの小節を指折り数えるオーケストラの基本動作、そして時間どおりに集まり、準備と片付けを行うという社会生活のルールを学びました。

　音楽大学に進学してからは、カリキュラムとしてのオーケストラのほかに、学園祭や学外の活動のために学生が自主的に作ったオーケストラに片っ端から参加し、在学中に二つのコンクールで第1位を獲得。プロのオーケストラへ「トラ」（人が足りないときに呼ばれるエキストラ・プレイヤー）に行くようになり、卒業してすぐにNHK交響楽団に入団しました。首席奏者になったのは29歳のときです。

　こう書くと、私の人生は順風満帆のようですが、回り道もしています。

　中学生の頃にはフォークギターに夢中になり、フルートは1週間に30分も練習しなくなりました。

　高校ではドラムをたたき、ポップスからハードロックまで何でもやりました。そのうちフュージョンのバンドを結成し、プロのドラマーを目指すようになりました。その頃には勉強はもちろんフルートの練習もしなくなりました。今まで簡単に吹けた曲が吹けなくなり、とうとう第3オクターヴの音すら出せなくなり、フルートのレッスンをやめてしまったのです。

　しかしバンドもドラムもうまくいかず、高校2年生でやめました。

　「自分はこれから何をしたいのか？」と真剣に考えたとき、まず考えたのは「大学へ行きたい」ということです。では「大学とは何をする場所なのか？」。こ

の答えはすぐ出ました。「勉強をする場所」です。「何を勉強するのか？」を考えたときに、「やはり音楽を勉強したい、音楽ならすべての時間を費やしても悔いはない」と強く思いました。そして、高校から独学で始めたドラムではなく、正式に習ったことのあるフルートで音楽大学に入ろうと決めたのです。

　一浪して入った大学は優秀な学生ばかりでした。同級生はすでにコンクールで上位入賞していたり、入学と同時にプロのオーケストラに入った人もいました。意気揚々と仕事に出かける同級生を横目に、私はひたすら練習しました。私は決して社交的ではありません。うまくなれば必ず誰かが声をかけてくれると信じて、基礎練習に明け暮れました。授業の合間の時間は初見のデュエット大会です。バッハ一族やテレマン、モーツァルトのオペラを編曲したもの、クーラウにドップラーなど、それぞれの作品の時代様式と初見に必要な反射神経と予測を鍛えました。この頃遊んだ作品は、今でもコンサートのプログラムでしばしば取り上げます。

　プロのオーケストラで演奏するようになると、周囲の同僚はもちろん、指揮者やソリストから多くを学びました。サヴァリッシュ、シュタイン、スヴェトラーノフ、ブロムシュテット、デュトワなどの名匠から学んだことは、何よりも大きなことでした。そしてチャイコフスキーやブラームスなど、「誰もが知っている大作曲家」にフルートのための作品がないことにも気付きました。

　1年間の留学から帰国後、音楽大学で教えるようになりました。レッスンを通じて伝えたことよりも、生徒たちから学んだことのほうが多いかもしれません。これから一緒にフルートについて、音楽について考え、学びましょう。

神田寛明

もっと音楽が好きになる
上達の基本 フルート

CONTENTS

はじめに 2

きほんの「き」 音楽を始める前に　7

- その❶ 正しい姿勢 8
- その❷ 呼吸 10
- その❸ フルートの構造 12
- その❹ 楽器を組み立てる 15
- その❺ 楽器の構え方 16
- その❻ アンブシュア 18
- その❼ おさらい 21

きほんの「ほ」 自由に音を奏でよう　23

- その❶ 目指す音 24
- その❷ 練習の順序 26
- その❸ ウォームアップ 27
- その❹ 音を出しはじめる練習 29
- その❺ タンギング 30
- その❻ ヴィブラート 33
- その❼ 音量とピッチのコントロール 36
- その❽ レガート 37
- その❾ 指の練習 38
- その❿ 替え指 41
- その⓫ 基礎練習におけるブレス 43
- その⓬ ピッチのコントロール 44
- その⓭ 正しいチューナーの使い方 46
- その⓮ デイリートレーニング 48
- その⓯ エチュード 49
- その⓰ ピッコロ 52
- その⓱ 楽譜の育て方 54

きほんの「ん」奏法から表現へ　55
- その❶　フルートの音色と表現　56
- その❷　アンサンブルの醍醐味　58
- その❸　フルートは代弁者・翻訳者　61
- その❹　音程のコントロール　64
- その❺　スコア　66
- その❻　楽譜の読み方　69
- その❼　ブレス位置の判断　71

きほんの「上」に　楽しく音楽を続けよう　73
- その❶　練習の組み立て方　74
- その❷　楽器のメンテナンス　77
- その❸　教わる、教える　81
- その❹　音楽から広がる魅力　84
- その❺　失敗に学ぶ　86
- その❻　専門的に勉強している人へ　89
- その❼　コンサートへの出演　90

おわりに　91

特別寄稿　「本番力」をつける、もうひとつの練習
- ●誰にでもできる「こころのトレーニング」（大場ゆかり）　92

[とじこみ付録]　神田寛明オリジナル　デイリートレーニング・シート

※ 本書は『Band Journal』誌 1998年5月号から1999年4月号に連載された「演奏に役立つ ONE POINT LESSON」に大幅な加筆訂正を行ったものです

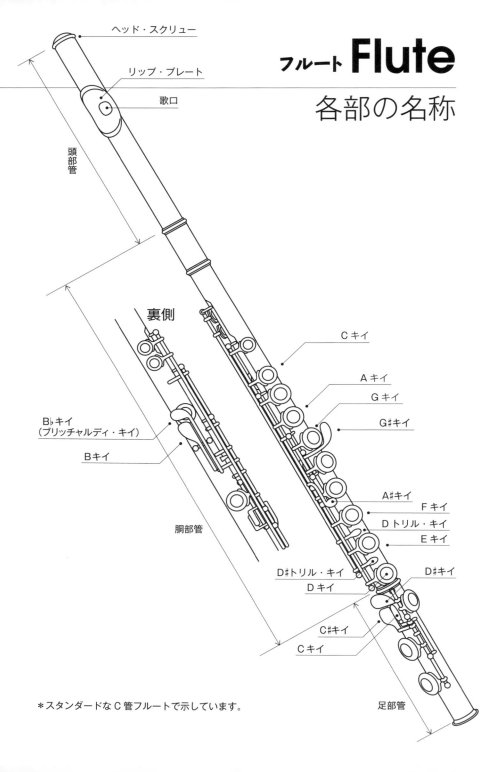

きほんの「き」
音楽を始める前に

Flute

正しい姿勢

　楽器の演奏は正しい姿勢で行うことが大切です。正しい姿勢とは釣り合いの取れた、無理のない、美しい状態をいいます。重心の偏りや筋肉の緊張を最小限にすることで、肉体への負担を減らし、楽に演奏することができます。

●樹木のように立つ

　樹木の幹のように地面に対して垂直に伸びた線（垂線）をイメージし、それに体を合わせるように立ちます。操り人形のように、頭の先に結ばれた紐（ひも）でぶら下がっている状態を想像してください。横から見たときに頭―首―胸―腰―脚が一直線に並ぶようにします。

　垂線から体の各部分が飛び出さないように、特に頭が前に傾いたり、背中が丸くなり過ぎないようにします。頭は肩の上に、肩は腰の上に乗った状態にし、顔は真っすぐ正面を向きます。

　楽譜を見るときは顔を下へ向けずに視線のみ下へ向けます。両足は肩幅ほどに開き、足―腰（骨盤）―肩が捻（ねじ）れないようにします。膝は曲げません。

　フルートの構え方は左腕を前に、右腕を後ろにする左右非対称です。体を正面に対して右斜30°〜45°の角度に向け、顔のみを正面に向けます。同じ姿勢を長時間続けると苦痛となるので、前後左右のバランスは自然に揺れ動くとよいでしょう。演奏には体の動きも重要ですから、**演奏中不動である必要はありません。**

●響かせるための姿勢とは？

　弦楽器や太鼓、ピアノなどの楽器は音を響かせるためのボディ（共鳴胴）をもっています。管楽器奏者でそれに相当するのは自分の体。響かせるための正しい姿勢は重要です。

おなかから胸にかけての上半身を筋肉でできた楽器のボディと考えます。ボディが捻れたり萎んだりしないように筋肉に適度な張りを与え、体をよく響かせることが重要です。

●美しい姿勢は「画になる」

モデル、スポーツ選手、仏像などの姿勢や所作を観察すると、体の重心が垂線と重なって見えます。美しい姿勢や動きには無駄がなく理に適っています。演奏している姿が画になるように常に心掛けてください。

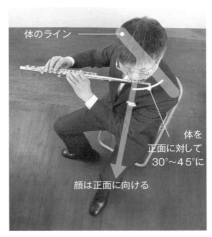

写真1　立っていても座っていても、顔だけを正面に向け、体を正面に対して30°〜45°にする。座るときは、斜めに座るか、椅子全体を斜めに向ける

写真2　上半身の重さが真っすぐ両足を通じて地面に伝わるよう意識する。立っていても座っていても、体の垂線は常にいつも地球の中心に向かう

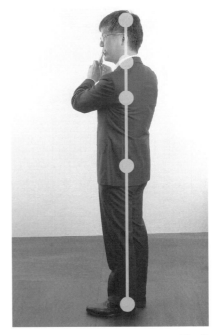

写真3　約5kgあるという人間の頭。頭が体の前へ傾き、垂線から外れた状態になると、頭を支えるために首や肩に余計な力が入るので注意が必要

きほんの「き」

呼吸

●息に必要な3つの要素

フルートを演奏する息、つまり楽器の管内で楽器と共鳴する空気（＝気柱^{きちゅう}）には①圧力、②スピード、③量の3つの要素が必要です。

> **①圧力、②スピード** 音程と音色に関係します。音色の変化のために多少の変化が必要ですが、音程を一定に保つためには、あまり大きな変化は望ましくありません。
>
> **③量** 音量に関係します。p から f まで、求める音量に応じて大きく変化します。

●二つの呼吸法

一般的にいわれる「腹式呼吸」だけでなく「胸式呼吸」も併用します。

◆腹式呼吸

横隔膜（おうかくまく）が下がることによって胸郭（きょうかく）が下へ膨らみ、おへその周囲が膨らみます。背中が丸まっていると呼吸の妨げとなります。

◆胸式呼吸

胸骨（胸板）と肋骨（ろっこつ）が上がり、胸全体が膨らみます。このとき、肩が上がらないように注意します。

●ゆっくり吸えるときは鼻から

フレーズの途中や、短い休符など素早くブレスをしなくてはならない場合を除いて、曲の最初や長い休符の後では可能な限りゆっくり「鼻から」吸いましょう。鼻から吸うのは、息をゆっくり吸うためです（口から吸うとすぐ終わってしまいます）。ゆっくり吸うのは、呼吸に使う筋肉をできる限りゆっくり動かし、上半身の緊張を避けるためです。

◆**エクササイズ**

①両腕を体の脇に下げ、肩の力を抜き、鼻からゆっくり息を吸います。

②すると、最初におへその周囲が膨らみ、次に脇腹、最後に胸が膨らみます。このとき、肩が上がらないようにしましょう。フルートを構えたときも肩の位置が変わらないように注意します。

このようなブレスを通じて肺を満タンにする感覚を覚えます。

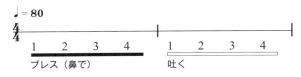

譜例1　♩＝80で4拍ずつ。口を閉じ、鼻から息を吸う

吸気をストップするのは「1、2、3、4と」の「と」のタイミング。4拍目の真ん中です。息を吐き出す前に一瞬止めます。

●素早いブレスでは口から

曲の途中で素早く息を吸う場合は、口から吸いましょう。そして**与えられた時間を最大限使ってください**。4分休符で8分音符分の時間しかブレスしないのは、単にもったいないだけでなく、呼吸が浅くなり、十分に息が肺に入らなくなる要因となります。

●ためらわずにブレスしよう

実際の演奏では、鼻からゆっくり吸うブレスと、口から素早く吸うブレスを組み合わせることになります。連続するフレーズでブレスする間がないときは、こまめにブレスをして、回数で量を補います。

空気はタダです！　ブレスを躊躇する必要はありません。肺の中の空気が少なくなると演奏が苦しそうになり、聴くほうもハラハラします。また脳の酸素も不足し、ミスを誘発しかねません。

フルートの構造

●トーン・ホールとキイ

　フルートは頭部管・胴部管・足部管の3つの部分に分かれます。構造をよく観察すると、胴部管と足部管に搭載されているキイ・メカニズムには複雑ですが秩序があり、一般的なC足部管のフルートの場合、歌口を除いて16個のトーン・ホールが開いていること、それぞれのトーン・ホールをふさぐために、それぞれに1個ずつの「キイ」が付いているのがわかります。16個のうち13個を使って、Cから1オクターヴ上のC♯までの半音階13個の音を出します。残りの3個は、二つのトリル・キイと、G♯のために重複しているキイ一つです。

　キイには2種類あり、ふだん開いているのが「オープン・キイ（オープン・ホール）」です。閉じているのが「クローズ・キイ（クローズ・ホール）」で、D♯、G♯、Dトリル、D♯トリルの4つあります。

●リング・キイとカバード・キイ

　キイの中央に穴を開けてリングの形にしたものをリング・キイ、すべてふさがっているものをカバード・キイと呼びます。リング・キイはキイの中央を指で隙間なく正確に押さえないと、音を出すことができません。

　リング・キイは押さえている指を少しずらすことにより、替え指や微分音などの可能性が広がりますが、それ以外にカバード・キイとの間に優劣はありません。

　リング・キイでは左右の薬指など手や指が小さくてキイを押さえきれない場合に、専用のパーツやノック式の消しゴムなどでリングをふさぐこともできます。この場合、その音だけ音程が低くなるので注意が必要です。

●インライン(ストレート)とオフセット

　胴部管の表側すべてのキイが一直線に並んでいるのがインライン(ストレート)、左手薬指のキイが楽器の外側に飛び出しているのをオフセットと呼びます。オフセットのほうが左手の負担が少なくなります。両者の響きの差はほとんどありません。

　オフセットの楽器にはリング・キイとカバード・キイの両方があります。インラインの楽器はほぼすべてがリング・キイですが、そこに合理的な理由はないように思われます。

きほんの「き」

写真4　(左)カバード・キイ、オフセットの楽器。
左手薬指のキイが楽器の外側に飛び出している。
(右)リング・キイ、インラインの楽器

写真5　C足部管(左)とH足部管(右)。
H足部管では単に低音が出るだけでなく、楽器が長く重くなることで響きが変わる

●Eメカニズム

　右手中指のキイを押したときに、左手薬指の隣（直接押さえないキイ）のキイがふさがる機構をEメカニズムといいます。これにより♪（英語音名のE）を音響的に正しい開口にすることができます。

　楽器を注文する際にオプションで選択する場合が多く、数万円から数10万円値段が高くなりますが、特に初心者は付けるべきでしょう。

●H足部管

　足部管のキイを一つ追加して♪（ドイツ音名のH）まで出せる楽器が、プロを中心に広く用いられています。実際にこの音が必要になることは多くはありませんが、楽器が長く重くなることによって響きが変化します。

　第3オクターヴの音程や音色が安定するという意見もありますが、好みで選べばよいでしょう。

●楽器の材質

　ほかの楽器と異なるフルートの大きな特徴に「さまざまな材質で作られる」ことが挙げられます。フルートの管体に用いられる主な材質には洋銀（銅と亜鉛、ニッケルの合金）、銀、金、プラチナ、木、プラスチックなどがあります。材料や製法により重さ（比重）や硬さが異なり、音色の違いが表れます。

　さらに銀や金では純度の違いがあります。銀では1000分率で純度を示します。900、925、950、990などとあるのは1000分のいくつ、という意味です。金では24分率を示すカラット（Karat）を用います。9K、10K、14K、18K、19.5Kなどさまざまあり、最も金の純度が高い24Kで作る場合もあります。

　ただ、楽器全体を金で製作すると重くなるので、キイやポスト（キイを取り付けている柱）などの部品を、銀などの軽い材料で作ることがあります。

　木製の楽器はオーボエやクラリネットと同じ、グラナディラと呼ばれる黒い木で作られることが多いですが、ほかにもさまざまな種類の木が使われ、色の違いで外見から判断できます。重さは金のフルートと同じ程度です。

楽器を組み立てる

●角度合わせのポイント

次の3つの角度に注意して楽器を組み立てましょう。

- ●頭部管の角度　アンブシュアに合わせる
- ●胴部管の角度　持ち方に合わせる
- ●足部管の角度　CとC♯のキイを同時に押さえやすい角度に合わせる

●組み立てはキイを握らないように

まず**胴部管と足部管を接続**します。キイ・ポストが胴部管のキイの中心となる位置を基準にして角度を合わせます。

次に**頭部管を接続**します。胴部管のキイの中心と歌口の中心を合わせるか、歌口のエッジを合わせるか、いずれかの範囲に収まる角度にしましょう。

写真6　胴部感と足部管は①キイ部分を握らず、②斜めにならないように注意ながら接続する

この範囲内であれば頭部管と胴部管の間の角度は自由です。良い音が出て、長時間楽器を持ち続けても体に無理が出ない角度を探してください。

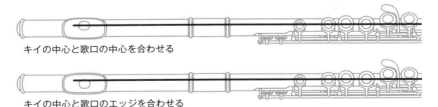

キイの中心と歌口の中心を合わせる

キイの中心と歌口のエッジを合わせる

図1　頭部管と胴部管の角度はこの二つの範囲で。合わせるための印があらかじめ付いていても角度が理想的ではない楽器もあるので注意

楽器の構え方

●顎と9本の指を自由にする

　すべてのキイから指を離したときにフルートに触れているのは①**顎**、②**左手人さし指の付け根**、③**右手親指**の3点です。顎にリップ・プレートを押しつけるようにする支え方はあまり勧めません。アンブシュアの柔軟性を損ね、汗をかくとリップ・プレートが滑ってしまいます。リップ・プレートは顎に「そっと触れているだけ」が理想です。そのためには左右の手の指に楽器の重量をしっかりと乗せ、キイを操作する9本の指と顎を常に自由に動かせるようにします。

◆左手の構え

　左手はわずかに手のひらを立て、手首の角度を素手で野球のボールをキャッチするときのように構えます。人さし指の付け根部分に楽器を乗せ、手首の角度を薬指と小指がキイに届くように調整しましょう。

　左手人さし指と右手親指にかかる楽器の重量バランスが1：1になるのが理想です。

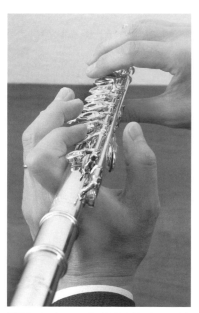

写真7　体にとっていちばん不自然になるのが左手。手首をひねることが大きな負担になる。人さし指に楽器の重さが乗るように角度を工夫し、負担を減らそう

◆右手の構え

　右手の指は上から見たときに楽器に対して直角になります。手のひらを狭（せば）めず、指は並んでいるキイの幅に合わせてわずかに開きましょう。

　親指はほかの4本の指とは違い横を向いています。フルートを乗せるのは

右手親指の側面（人さし指側）です。親指を無理にひねって「指の腹」に楽器を乗せている人を見かけますが、指を手のひらが反対側に曲がった逆反りの状態になりますし、それによって手のひらが閉じ、手首から先をひねることになり、小指に大きな力がかかります。

　カバード・キイの楽器でも、キイの中心を押さえるよう心掛けましょう。より美しい指の形を得られ、将来リング・キイの楽器を吹くことになったときにスムーズに移行できます。

●指の動きは最小限に

　ピアノやパソコンのキーボードを操作するとき、指は緩やかなアーチを描き、手のひらは丸みを帯びて開いています。このように指を曲げる筋肉と伸ばす筋肉のバランスが釣り合った状態のままでフルートを持ちましょう。

　指を離すときは、すべての指をキイの上約１cm程度で揃えます。そうしないとキイを押さえるタイミングに微妙な差が生じたり、音のつながりがうまくいかなかったりするからです。指の上げ下ろしの動作は素早く。ただし雑音（打音）が生じるほどキイを強くたたかないよう注意しましょう。

　１本の指で複数のキイを操作する場合でも、左右の動きはわずかです。右手小指は３つ（H足部管では４つ）のキイを操作するため、前後左右の動きが求められます。の連続で必要なのは、小指の前後の動きだけです。手首から先の全体が動いてしまうと、楽器の保持にも影響します。

写真8　右手小指では、指をキイから離さずスムーズに滑らせるために、指の腹ではなく先端に近い部分を使う。最小限の力でキイを押さえ、摩擦を少なくしよう

アンブシュア

　管楽器を演奏する際の顎のポジションや唇の形を**アンブシュア**と言います。フルートを吹くための理想的なアンブシュアとは、①**脱力**、②**柔軟**、③**安定**の3つの要素を兼ね備えたものです。

●エクササイズ：アンブシュアの作り方

①口を閉じ、かすかな笑みを浮かべるように唇を横へ引きます。いわゆる「口を一文字に結ぶ」形で、横から見たときに下唇がわずかに奥に引いているようにします。

②上下の唇に力を入れないようにします。薄手のガラスでできたグラスに口を付けるときの感覚です。

③上下の唇の境目に付いた小さなゴミをそっと吹き飛ばす感覚で、空気を出します。あらかじめ空気が通る「穴」を開けるのではなく、空気が唇を押し広げて穴を開けます。この穴のことを**アパチュア**といいます。

④息を吹き込む目標をイメージします。手のひらを口の前に持って行き、フルートを吹くアンブシュアで息を出し、手のひらのどの部分に息が当たるかを確認します。唇の正面に置いたろうそくの炎を吹き消すことを想像すると、息の方向をイメージしやすいと思います。

⑤上下の唇をわずかに前後させることによって、息の角度を変えてみます。このとき、顔は動かさないようにし、アンブシュアの最小限のコントロールを確認します。

⑥口の中（口腔）の形は、「オ」の発音の形が最も基本です。できるだけ口腔の容積を大きく取ります。口腔は単なる空気の通り道ではなく、音を響かせる共鳴胴の役目もしています。発声と同じで口腔の形によって、音色や響きは大きく変化します。舌も大きな容積を占めます。舌の付け根を飲み込むような感覚で口腔の「響きを作るスペース」を確保します。

⑦下唇の粘膜の赤色の部分と下顎の肌色の部分の境目に、歌口（リップ・プレート）の手前側のエッジ（縁）が当たるようにします。歌口は顎に押しつけず、軽く触れるだけにします。

⑧下唇で歌口の手前3分の1ほどがふさがります。

アンブシュアは鏡や写真などで観察することもできますが、唇は立体で丸みを帯びています。距離や角度などを正確に観察するのは難しく、実際のふさぎ具合とは違って見えることがあるので注意が必要です。

写真9　筆者のアンブシュア。わずかに奥に引いた下唇で歌口の手前3分の1ほどがふさがる

●アパチュアは音量に応じて

息の出口となる唇の穴（アパチュア）は、幅2～10mmほどの間で変化します。歌口の幅（11～12mmほど）を超えることはありません。

フルートの音量は吹き出す空気の量で決まります。*f* ではアパチュアを大きくし、大量の空気がスムーズに流れるようにします。*p* で必要な空気はごく少量なので、アパチュアを小さくし、空気のスピードが遅くならないようにします。

演奏中は常に音量が変化します。*ff* から *pp* まで瞬時に対応するためには

アンブシュアが柔軟でなくてはいけません。アパチュアの調整は唇や顎の周囲の筋肉ではなく、そこを通過する空気によって行います。唇は「ドア」ではなく「カーテン」のように、常に受動的な状態であるべきです。

楽器を構える際、楽器に顔を近づけてしまうと「正しい姿勢」の項目（p.8）で説明した「垂線」から頭がはみ出します。そうすると頭を支えるために首や肩に余計な緊張がかかり、また肺から喉の奥にかけての空気の通り道が圧迫されるなど、悪影響を及ぼしかねません。
　頭の位置を動かすのではなく、楽器を顔に近づけて構えるようにしましょう。垂線の意識は大切です。

●頭部管練習はアンバランス

フルートを始めたばかりの初心者は、ます最初に頭部管だけで音を出す練習を行います。ですが、音を出せるようになったら頭部管だけの練習は必要ありませんし、場合によっては悪影響を及ぼしかねません。

頭部管のみの音出しは、次のような弊害を生む可能性があります。
①構えや歌口の角度が違うものになりやすい
　楽器全体の長さや重量が異なるため、腕のフォームや構えたときのバランス、リップ・プレートが顎に触れる圧力が通常とは大きく異なります。そのため歌口の角度が異なっていても気付きにくいのです。
②音色が美しいとはいえない
③ピッチが音階に合わない
　頭部管はメーカーにより長さが異なります。ほとんどの場合、**頭部管だけのピッチはラより低く、「ラとソ♯の中間よりは高いラ寄り」**になっているようです。ところが懸命に頭部管だけでピッチをチューナーのラに合わせようとしている光景を見かけることがあります。そうするように書かれた教本も存在するようですが、**それは間違いだと断言します。**
　音程感覚を養うためにも、頭部管のみの音出しは必要ありませんし、勧めません。

おさらい

　この章で一緒に考えてきたことを復習しましょう。それぞれの項目はシンプルですが、フルートを演奏する上ではとても大切なことです。最初は意識して、その後は無意識にでも実現できるように身に付けてください。

●正しい姿勢

- 垂直（頭の重さが上半身―腰―両脚へ伝わること）
- 右斜め前を向く
- ひねらない（両足―腰―肩が捻れない）

●基本に忠実に

- 先生や教本を信じてそのとおり、愚直に
- 合理的思考を失わない。先生や教本が言うことを別の側面からも考える
- 自分のことばに翻訳して理解することが重要。そのためには音楽以外のスキル（言語、教養、論理的思考、自己主張、天性）が必要
- 反復練習が不可欠。無になって没入する
- 物理的・身体的な要因に無理なく従う。
- 楽しく、楽でなくてはならない
- とにかく情熱、時間を注ぐ

●合理的であること

- 余計な力を入れない
- ゆっくり確実に
- いつも「同じ」にする

●体の動き

・リズム、テンポに従った自然で控えめな動き

すぐれた歌手を観察するとわかるように、最大限にブレスを行い、体全体を共鳴させて豊かな音を出すためには、ほとんど動かないほうが理に適っています。

楽器の構えを安定させるためにも、同様に「垂線」が傾かない、「体を捻らない」ことが基本となります。作為的な「振り付け」はときとして見苦しいものですし、感情の表現と体の動きは関係ありません。演奏者は容姿よりも音を大切にすべきです。

指揮法にのっとった明確な動き

ここまでのおさらいができた人に一つ、アンサンブルのちょっとしたコツを教えましょう。

曲を開始するときやテンポの変化があるときには、アンサンブルの相手に合図をする必要があります。この動きは「はっきり伝わる」「自分の演奏の妨げにならない」ことが大切です。

動かし方は指揮者の腕の動きと同じです。足部管の先端を指揮棒の先端に見立てて、1拍目を合図するときは楽器を上から下へ動かします。その前のアウフタクト（弱起）は下から上へ動かします。

最初は難しいかもしれませんが、指揮者の動画などを参考に練習してみましょう。f は大きな、p なら小さな動きで、ゆっくりのテンポはゆっくり動かします。

慣れてくるとかすかなブレス（鼻息）や、アイ・コンタクト（眉の動き）だけで合図を送ることができるようになります。

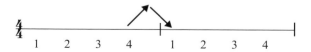

譜例2 アウフタクトで下から上へ。そして1拍目に向かって上から下へ

きほんの「ほ」
自由に音を奏でよう

Flute

目指す音

　自分が行うことを、それとは違った手段で人に伝えるためには想像力と語彙力が欠かせません。それによって豊かで幅広い音色を身に付けることができ、見えないはずの「音」を多彩な「音色」へと昇華させることができるのです。

　以下の表は、人間の五感のうち聴覚以外の4つ（視覚・触覚・嗅覚・味覚）における「強いイメージ（プラス要素）」から「弱いイメージ（マイナス要素）」までを、身の回りのものや事柄に例えて、対応する音の要素を挙げてみたものです。これがすべてではありませんし、唯一の正解でもありません。

		強い、はっきり	中間、変化	弱い、やわらか
視覚	光	眩しい太陽 焼き尽くす	満月をさえぎる雲の流れ 透けて見える	冬の夕暮れ、ろうそくの炎 蛍、おぼろ月
	色	青空、原色 血の赤	曇り空、パステルカラー グラデーション	鉛色の空 漆黒、水墨画
	形	直線、開いた形 大きいもの	曲がった形 ゆがんだ形	曲線、閉じた形 小さいもの
	距離	近く、鮮明	移動	遠く、ぼやけた
触覚		硬い、熱い 冷たい、厚い、金属	でこぼこ 不均等	柔らかい、温かい 薄い、綿、肌
嗅覚		鼻をつく、刺激的	はっきりしない	かすかな
味覚		酸っぱい、苦い	混ざり合った	甘い、無味
音量		*f*	cresc.、dim.	*p*
音色		はっきり、濃い *brillante*	変化	柔らかく *dolce*
アーティキュレーション		スタッカート マルカート、アクセント		レガート
テンポ		速い	変化	遅い

「学ぶ」は「まねる」ことから始まります。自分の「目指す音色」を手に入れるためにも、多彩な音色をまねてみましょう。

●他人のフルートの音をまねる

いちばん身近な音は、やはりフルートの音色でしょう。先生や上手な人の奏でる音をまねてみましょう。自分の仲間の音も、良い部分も悪い部分も客観的に分析して、どのような音なのか、どうしたらそういう音を出せるのか、音量や音色を自分と、あるいはほかの人同士を比較してください。

世の中には多くのプロによる録音があり、ランパルやニコレなど、すでに世を去った偉大な音楽家の録音も簡単に聴けます。お気に入りのプレイヤーを見つけたら、音色だけでなくフレーズやテンポなども積極的にまねをしてみましょう。今では、動画で姿勢やアンブシュアまで確認することも可能です。

●ほかの楽器の音色をまねる

世界にはたくさんの楽器があります。オーケストラや吹奏楽の楽器だけでなく、それ以外の楽器の中からも、素晴らしいと思う音色、フルートでは出せないような音色をまねる挑戦をしてみましょう。

例えば高音域はヴァイオリンやソプラノ歌手の輝かしさを、中音域はトランペットの輝かしさからホルンの柔らかさまでを、低音域はクラリネット、サクソフォーン、チェロ、トロンボーンなどの太さや豊かさをまねてみましょう。パイプオルガン、尺八、ケーナなど、フルートと同じ発音原理をもつ「親戚」はまねをしやすいでしょう。

●楽器以外の音色をまねる

地球上にはさまざまな音があふれています。そよ風、せせらぎ、木の葉のゆらぎなどの穏やかな音から、嵐や火山の噴火のような激しい音、洞窟やビルの谷間などに反射する音、夜明けの水辺や、宇宙空間の静寂（これは想像しかできませんが）までもが、まねる対象です。

動物の鳴き声、特に鳥の鳴き声は、多くの作品の中でフルートに役割が与えられています。定番ともいえる音色です。

練習の順序

●合理的、効率的に練習しよう

　練習には熱意やひたむきさ、費やす時間が何よりも大切です。しかし単に熱意を注ぎ時間を費やせばよいわけではありません。合理的な方法で効率的に行えば、短時間で大きな上達を得ることができるはずです。

　嫌なこと、苦しいことはやりたくないのが人間の本性です。でも、考え方しだいで、キツい練習を楽しく行うことができるはずです。「楽に、根気よく」練習する方法を探しましょう。

●負担の少ないことから始める

　合理的で効率的な練習とは**「やさしいことから難しいことへ」**向かう原則**に従う**ことです。体的負担が少ないところ、音楽的に平易・単純なところから練習を始めます。

	やさしい	難しい
音域	低音域〜中音域 →	最低音域、高音域
音価（長さ）	適度な長さ →	ごく短い、長い
音程（間隔）	狭い音程（2度など） →	広い音程（3度以上）
音色	淡い、柔らかい →	濃い、輝かしい
音量	$mp \sim mf$ →	pp、ff
テンポ	適度にゆっくり →	速い、すごく遅い

　この表の左側の要素から練習を開始し、徐々に右側の要素へ進みます。

ウォームアップ

●ウォームアップの目的

　ウォームアップの目的は、唇・呼吸を行う筋肉・手指の状態を演奏に適した状態にし、正しい姿勢・アンブシュアであることを確認することです。また、ひと晩楽器から離れていた肉体と精神を、再び楽器の元へ呼び戻す儀式でもあります。体を温めながらほぐし、気持ちを楽器と音楽へ集中させる行為は、スポーツ選手のウォームアップからも学ぶところがあります。

●5つのステップ

以下の順にウォームアップするのがよいでしょう。

①正しいセッティングと姿勢の確認

　楽器のセッティング、特に頭部管の抜き具合はいつも一定にします。楽器が冷えている間は音程が低くなりますが、セッティングはそのままにして、楽器が温まるのを待ちましょう。

　立奏でも座奏でも、正しい姿勢を確認します。頭の重さが胸郭（きょうかく）の中心に、上半身の重さが腰の中心に位置するように。体を正面に対して右斜30°〜45°の角度で。譜面を見る場合には、必ず譜面台を使用しましょう。

②呼吸の確認

　鼻からゆっくりブレスをとります。最初に出す音は教本で異なります。モイーズの『ソノリテ』では 🎵 、アルテスの教本では 🎵 、トレヴァー・ワイの教本では 🎵 です。出しやすい音、好きな音には個人差がありますが、低音域もしくは中音域の 🎵 〜 🎵 までの「左手の音」が適しているでしょう。

③アンブシュアの確認

　本番で使うような立派な音をいきなり出す必要はありません。スポーツ選手のウォームアップと同じく、負荷をかけない「緩い」動作（淡い音色

や適度な音量）で短く吹くことから始めて、しだいに負荷（濃い音色や大きな音量）をかけるように音を出します。

④息の方向と流れの確認

息の方向（角度）と流れ（スピード）のわずかな違いでフルートの音色と音程は大きく変化します。自分にとって基本となる音色をイメージし、その音色を出すことができる正しい息の方向と流れを確認します。

最初は大きな的を目標にし、それからだんだん的を小さく、中心を狙うイメージで行うとよいでしょう。

⑤音を長く延ばす

野球選手が遠投をするように、ゆったりと長く音を延ばします。最初は拍数や時間を意識しなくてもかまいませんが、早い段階で4拍、8拍など規則的な長さで吹きましょう。

●やさしいことから、難しいことへ

ウォームアップでは、各項目をやさしい状態から始めるのが合理的です。

- **●息のスピード**　遅くてもよい　→　十分なスピード
- **●アパチュア**　緩く、fのアパチュア　→　狭く、pのアパチュア
- **●音量**　小さく　→　大きく
- **●音色**　柔らかく、暗く　→　明瞭、明るく
- **●音程**　気にしない、低くてもよい　→　正しい音程

音程の確認は、体と楽器が温まるまで後回しにします。冷えた状態で音程を合わせることは、奏法かセッティングに無理を生じることになり、音色を犠牲にしかねません。美しくない音色で無理に音程を合わせても使い物になりません。

ウォームアップは時間を気にせず、のんびり行うことが理想です。自分の状態を確認して納得するまで、次のステップに進まないことが大切です。

音を出しはじめる練習

●タンギングしない発音練習

唇の緊張を緩めた状態でタンギングをせずに「ハッ、ハッ、ハッ」と息を出し、スタッカートの練習をします。このとき上半身、特に首から上の筋肉を最大限にリラックスさせる感覚を持ちましょう。おなか周りの筋肉や横隔膜は適度な張りを保ち、それ以上に力を入れないようにします。体も頭も目覚めていないときは、それをやさしく揺り起こすような気持ちで行います。

●エクササイズ

第1オクターヴの音域の「左手の音」（ ～ ）から開始するのがよいでしょう。そこから徐々に音域を広げていきます。

譜例3　このとき、特に注意したい音が第2オクターヴのミ、ファ。
　　　　息の圧力が強過ぎれば音が割れてしまい、弱過ぎれば1オクターヴ下の音が鳴る

正しく音を出すための息の圧力や、角度の許容範囲がもっとも狭い第2オクターヴの と を正しく出すことができれば、フルートを吹くのに適した息の圧力・アンブシュアであるといえます。

この練習は柔らかい音色の小さい音量から始め、徐々に輝かしく大きな音を作っていきながら、ごく短い音を目指します。唇が緊張しないようにし、顎と歌口の位置関係を確認します。音を吹くたびに唇が「パクパク」しないよう注意しましょう。呼吸は素早く行います。

音を切るのは呼吸のコントロールのみで行います。音と音の間は完全に無音でなくてはいけません。アンブシュアはそのままで息の流れを止め、空気が漏れるような音をさせないように注意しましょう。

タンギング

●音の立ち上がりを整える

　ヨーロッパの管楽器は、原則として発音するときにタンギングを行います。そのため、タンギングは音を出すための「最も大事なテクニック」と考えられますが、実はそうではありません。

　タンギングは息の通り道にある「ドアを開ける」行為です。空気の「切り口」を整え、音の立ち上がりを明瞭にしますが、主体となるのは息の瞬発力。「ドアを開けるのと同時に息がスタートする」ことが最も重要です。**タンギングと息のスタートがずれない**ように注意しましょう。音の立ち上がりを整えるのが役目なので、吹く音が短いか長いかで、タンギングそのものが変わることはありません。タンギングは音を出すための補助と考えるべきです。

　音を切るときは「ドアは開けたまま」です。原則として舌で息の通り道をふさぐことはなく、息の流れを止めることで音を切ります。

●シングル・タンギング

　舌の先を上の前歯の付け根の少し奥、硬口蓋（口の中の天井部分）のカーブに軽く触れ、「ｔ」の発音と同じ要領で、息を出すのと同時に舌を奥へ引きます。舌の動きは最小限にとどめます。

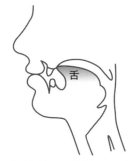

図2　タンギングでは、ｔの発音と同じ要領で舌を動かす

口の容積をできるだけ大きくするため、母音の「オ」「ア」「エ」などを発音するときの口の形にします。「ト」「タ」あるいは「テ」などさまざまな口の形で試してください。それぞれに響きが異なります。

●ダブル・タンギング

舌の先で発音する「t」と舌の奥で発音する「k」を交互に使い、「tktk」と発音することで、より速いタンギングが可能になります。

「オ」の発音を意識し、できるだけ口の容積を大きくします。日本語ではダブル・タンギングの発音を「トゥ、ク」と記載することが多いですが、求める音色によっては「テ、ケ」や「ト、コ」などに母音を変化させましょう。鋭い表情、小さい音量、高音域の場面では「ティ、キ」も試してください。そして、どのような場合でも舌の筋肉を緊張させないようにします。

ダブル・タンギングでは「t」と「k」をまったく同じニュアンスと音量で吹くことが求められます。不明瞭で弱くなりがちな「k」を克服するため、「すべてkでタンギングする」「ktktと逆に行う」など練習を工夫し、「t」と「k」を同じように吹けるようにしましょう。

●トリプル・タンギング

3連符のタンギングではいくつかの発音パターンが考えられます。いちばん速いテンポに対応できるのは「tktktk」ですが、この場合、必要に応じて「k」にアクセントを付け、「t」と等しく吹くことが求められます。

譜例4 トリプル・タンギングのパターンはtkttkt、ttkttk、tktktkなど。tktktkでは、4音目のkに1番目のtと同じアクセントが必要

●弱音で始める「p」タンギング

「t」の替わりに「p」で発音すると、弱音でもクリアで確実に音を出すことができます（厳密には、舌を使わない「p」はタンギングではありません）。

きほんの「ほ」

譜例5　ベートーヴェン：《レオノーレ序曲第3番》冒頭。「p」で発音すると明瞭に演奏しやすい

●タンギングを行わない場面

　ドビュッシーの《牧神の午後への前奏曲》の冒頭フレーズの、淡くほのかな音量・音色での開始や、オネゲルの《牝山羊の踊り》冒頭のpでの最低音の開始のような場面では、タンギングを行わない場合もあります。不必要なアクセントが付くのを防ぎ、より小さな音量での立ち上がりを得られるのです。また、長く延ばしている音の途中でやむを得ずブレスする場合も、吹き直す際にタンギングを省略したほうが目立ちません。

●「t」と「k」のどちらから始めるか

　原則としてフレーズ最初のタンギングは「t」ですが、速いパッセージで、タイのあとの拍の裏から動き出す場合は、「k」からの開始がスムーズです。

譜例6　C.P.E. バッハ《フルート協奏曲ニ短調》第3楽章

　また、譜例7のような場合は「t」「k」のどちらからでも開始できますが、最後までそのままの順序で吹いたほうがスムーズです。速いテンポや滑らかさが必要な場合は、同じ発音によるタンギングの連続を避け、「ｔｋｔｋ」や「ｋｔｋｔ」となるように計画することが合理的で、演奏も容易になります。どこでどのようにタンギングするのかを、あらかじめ決定しておくべきです。

譜例7　ベートーヴェン：《交響曲第1番》第4楽章

ヴィブラート

●ヴィブラートは音量の増減でつくる

フルートのヴィブラートは音量の増減によってつくられ、それに伴ってピッチの変化が生じます。ヴィブラートのスピード（周期）を一定に保つことが重要です。

何か好きな音を一つ選んで、次のように練習しましょう。

> ①まったくヴィブラートのない音を mf で真っすぐ伸ばす
> ②続けてアンブシュアを変えずに p で真っすぐ伸ばす
>> p の部分は mf よりもピッチが下がります。もしピッチが下がらなければアンブシュアが変化しているはずです。やり直しましょう
>
> ③ mf — p — mf — p の変化をメトロノームに合わせて繰り返します
>> メトロノームは80にセットします。音が震えず真っすぐであること、音量の変化が徐々にではなく「すぐに」であること、音量の大きい「山の頂上」からスタートすること、の３つに気を付けてください

慣れてきたら、段階的に周期を変化させましょう。

楽器それぞれにふさわしいヴィブラートのスピードがあります。ヴァイオリンやソプラノ歌手のように高い音域で輝かしい音色が求められる場合は速めのスピード、イングリッシュ・ホルンやコントラバスなど中低音楽器はややゆっくりのスピードがふさわしいように思います。フルートはその中間、メトロノーム80に４つがふさわしいと思います。

譜例8　途中でクレシェンドやディヌエンドが生じないように、そして mf と p の時間を等しく

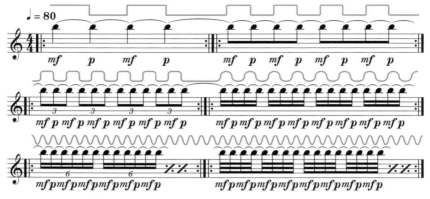

譜例9 速くなるにつれて音量変化の「角」がとれて、やわらかい自然な表情になる。最終的には♩=80のテンポ1拍の中にヴィブラートの波が4つ生じるように

●ヴィブラートのスピードは一定に

　基本的には、どのような場合でもヴィブラートのスピードは一定と考えてください。大きさ・表情の差は、山と谷の高低差で表現します。

　ヴィブラートをかけている間、横隔膜や腹筋は一定の張りを保ちます。決してヴィブラートに合わせて動きません。おなかよりも上、胸骨の辺りにわずかに波打つような感覚があるかもしれませんが、ごくわずかなものです。

　弦楽器のヴィブラートを観察してみると、左手で、基準のピッチから低いほうへとヴィブラートしているのがわかります。人間の耳は音の上下運動の高いほうを基準ピッチとして認識するようです。基準のピッチから高いほうへヴィブラートすると、音程が上ずって聞こえることになります。

●ヴィブラートはアクセントの連続ではない

　ヴィブラートをアクセントの連続として考え、アクセントを加える練習を見かけますが、私は避けるべきと考えます。このようにしてできたヴィブラートにはさまざまな不均衡が生じ、次のようなデメリットがあるからです。

> ①山（音量の大きい部分）が短く鋭くなり、しゃっくりのようなヴィブラートになる。
> ②山と谷の長さが異なる。

③音が谷（音量の小さい部分）から始まり一瞬遅れたアクセントが付く
　④山のピッチが基準より高くなる。
　⑤ヴィブラートの有無で音量が異なる（ヴィブラートがない場合より、ある場合の方が音量が大きくなる）。
　⑥ヴィブラートとノン・ヴィブラートの境目が滑らかにつながらない。
などです。

譜例10　アクセントを加えるヴィブラート練習は、多数のデメリットにつながる

●ヴィブラートは美しい波

　ヴィブラートは脈拍のようなものと言えます。ふだんは特に意識しなくても、興奮すると存在感を増し、波打つ様子をはっきりと感じます。大切なのはヴィブラートの「波」が一定で美しい形であることです。脈拍が不規則だったり度合いが激しくなると、病気になったり、死んでしまいます。ヴィブラートは音に輝きを与え、音楽をより雄弁に語り、歌わせるための大切な要素です。

●ロングトーン練習はヴィブラートで

　「ロングトーン」の基礎練習で忘れてはならないのは、「ステージで使える音を出す」ということです。基本的にはヴィブラートの付いた美しく健康的な音を、メトロノームに合わせて長く延ばします。

　ノン・ヴィブラートで練習する場合も、漠然と無機質な音を出すのではなく、どの作品のどの部分でどのように使うのか、具体的にイメージして行うべきです。

　ロングトーンの練習は、見晴らしのよい高い場所から景色を俯瞰するようなイメージを持ってください。地平線や水平線は直線に見えますが、よく見ると地球の丸みがわかるはずです。直線的で無機質なニュアンスには魅力を感じません。ロングトーンに限らず、基礎練習はどの瞬間でも「音」だけでなく「音楽」を感じてください。

音量とピッチのコントロール

音量とピッチは切っても切れない関係にあります。だからこそ、自在に操るために、それぞれを独立させてコントロールする必要があります。

●音量とピッチを別々にコントロールする

音量をコントロールするために、①同じ音量を保つ、②クレシェンド、③ディミヌエンド、それぞれを個別に、あるいは組み合わせて練習してみましょう。必ずメトロノームを用いて、テンポと拍子を意識しましょう。

ピッチをコントロールするためには、呼吸、アンブシュア、構え方のコントロールが必要になります。フルートのピッチは何もしないと f では高く、p では低くなるからです。

頭部管を下顎から前に「押し出す」とピッチは高くなりますが、それは最後の手段です。なぜなら歌口に対する息の角度が変化するため、音色に影響が出るからです。

譜例11　　クレシェンド、ディミヌエンドしながらピッチを保つ練習

下顎を動かして頭部管を「押し出す」のではなく、左腕の力を抜き楽器を顎に押さえつけている圧力を弱め、唇の弾力で歌口を押し出しましょう。さらに、楽器を「引っ張る」ように体から引き離すことも可能です。

このためには左右の手でバランスよく楽器を支えていること、肘や手首がリラックスしていること、楽器を下顎に押し付けないこと、アンブシュア、特に唇の筋肉を常に柔軟に保つことが必要です。

●レガートには重心がある

イタリア語で「連結」を意味する言葉が「レガート *legato*」です。隣り合った音を音量、音色、ヴィブラートが同じになるようにつなげて演奏します。これは演奏では常に行われる、最も基本的なことです。音と音のつなぎ目に段差が生じないよう、常にチェックします。

音が二つ以上つながると「メロディー」が生まれますが、メロディーに生命を与えるためには「重心」を考える必要があります。例えば２音のメロディーでも、どちらの音に重心があるのか考える必要があります。音量の差やその表情もさまざまです。高い山なのか低い山なのか、なだらかなのか切り立っているのか、多くの可能性の中から、音楽が求める表情を探っていきます。

譜例12　たった２音のメロディーでも、重心の位置が違えば別の音楽。
レガートでは音のつなぎ目に段差が生じないよう注意も必要

●音の連結

いちばん簡単な連結は、出しやすい音域の半音（短２度）で接している二つの音をつなげることです。練習はここから始めて、音程と音の数を増やしていくのが合理的です。

譜例13　狭い音程の２音から、広い音程、多くの音へと連結する数を増やしていく

指の練習

●難しい指を合理的に克服する

　運指の難しい箇所、間違えやすい箇所は、作品の中でも基礎練習でも必ず存在します。この悩みを合理的に克服する方法を考えてみましょう。

◆取り出す

　ほとんどの場合、いつも同じ箇所を間違えているはずです。その箇所を見つけ出しそこだけ取り出します。1拍分あるいは2拍分など、音符の数で4〜6個のみ取り出します。

◆ゆっくり

　難しい箇所も、ゆっくりとなら吹けるはずです。メトロノームを使い、リズムの正確さを保ちます。メトロノームを使わず感覚だけでゆっくり練習することは効果的でなく、結果として時間を浪費することになります。このような練習は数日、ときには月単位の時間がかかります。

　音型を暗譜し、指の動きもスムーズになってきたら、徐々にテンポを速くし（必ず毎日のメトロノームの数値を楽譜にメモしましょう）、本番のテンポで演奏できるようにします。

◆リズムを加工する

　リズムが「転ぶ」のを克服するために、必要なら「付点のリズム」や「均等なリズム」などに置き換えて練習します。

◆繰り返す

　一度だけ成功してもそれは「まぐれ」かもしれません。間違えずに吹けるまで何度も練習します。メトロノームに合わせて繰り返しましょう。「加工」したリズムと、本来のリズムを交互に繰り返すとより効果的です。

譜例 14　エネスコ：
《カンタービレとプレスト》

原曲（①）の難しい箇所も
数音なら演奏できる（②）

リズムをさまざまに
置き換えての練習は
「転び」防止に効果的
（③④⑤）

きほんの「ほ」

●分割し、連結する

　上記の方法を、必要な場所ごとに繰り返します。長いフレーズを小さな「ブロック」に分けて練習する方法ですが、実はこれがいちばん早く確実に問題点を克服できる方法なのです。

　まず、それぞれのブロックを最終的なテンポで演奏できるまでに完成させ、次に隣り合った二つのブロックを連結します。このようにフレーズを組み立て、曲を組み立てます。いつもフレーズの最初から最後まで繰り返す方法は効率的とはいえません。間違えるところ、問題となる箇所のみを取り出し、繰り返し丁寧に練習します。間違えないところは練習しなくてよいのです。

●4つの不均等

　同じ音価（長さ）の音符が連続する場合、正確に演奏したつもりでも、ほとんどこのようになります。拍の表の音符が短くなるこの現象を、音楽家は「転ぶ」といいます。

また同じ音型が連続していたり、特にクレシェンドの箇所ではテンポよりも速くなることがあります。この現象を「走る」といいます。

譜例15 「転ぶ」＝拍の表の音符が短くなる現象

不均等にならないよう注意する必要がある要素は、音価を含め４つです。

①**音価**　短かったり、長かったりしないこと
②**音量**　強過ぎたり、弱過ぎたりしないこと
③**音色**　暗かったり、明るかったりしないこと
④**音型**　膨らんだり、しぼんだりしないこと

この４つの「不均等要素」を完全に排除する必要があります。訓練には長い時間がかかるし、地味で面白くない練習です。しかし、演奏の基礎をつくる大切な技術なので、骨身にしみ込ませるつもりで取り組んでください。

タファネル＆ゴーベール『17のメカニズム日課大練習』の第１番を用いて練習してみましょう。メトロノームを♪＝80にセットし、付点16分音符＋32分音符のリズムでレガートで演奏します。これは誰でも拍の表が短くなるからです。このとき絶対に付点音符にアクセントが付かないように注意します。

譜例16　タファネル＆ゴーベール《17の日課大練習》第１番（左）とそのリズム変奏（右）。不均等に練習して均等を目指す

２分音符や全音符などの長い音符を吹くつもりでの息の出し方で、指だけ書かれた音符のとおりに動かします。

このテンポでは途中でブレスが必要です。

このような練習は常に美しく輝かしく健康的な音色で、$mf\sim f$の音量で行います。あくまで均一さを求めるための訓練ですから、機械的に正確で均等な仕上がりを理想とします。指の練習で何よりも大切なのは、**正確さと均等さ**です。速さではありません。

替え指

　基本となる運指は運指表に従います。楽器を購入した際に付属している運指表は簡易なものが多いようなので、できれば教本に記載されているものや、まとまった形で出版されているものを入手しましょう。

　基本となる運指のほかに、トリルやトレモロの運指、そして「替え指」といわれる運指があります。分類しながら見ていきましょう。

●指使いを簡単にする

◆異なる運指

　♪、♪の運指の右手薬指の替わりに中指を用いると、♪、♪の動きが簡単になります。ただし音色が暗く、音程も低くなるのでトリルと急速なスケール以外では使用しません。

◆省略の運指

　第3オクターヴの♪と♪は、基本の運指では右手小指を離します。しかし、急速な動きの場合や、楽器の構えを安定させたい場合には、小指を押さえたままでも音を出せます。H足部管で第4オクターヴの♪を吹くときに押さえるギズモ・キィ（右手小指「B」のキィ）も、省略できます。

◆倍音の運指

　第3オクターヴの運指は複雑で、規則的とはいえません。急速なスケールなどを吹く際に、少し強く吹いて倍音を出せば、5度下や1オクターヴ下の運指で吹くことができます。この方法は多少無理をしたスピードと圧力の高い息が必要です。音色もかなり異なるので、慎重に判断したうえで使用しましょう。

●音程を修正する

◆音程を下げる

　第3オクターヴの多くの音は音程が高くなります。ただ変化の幅は一定ではなく、 は高く、 などはそこまで高くなりません。こうしたピッチの凸凹をアンブシュアでコントロールすることは容易ではありません。滑らかなレガートの障壁にもなりますし、肉体的・精神的にも疲れます。

　このような場合は積極的に替え指を使用し「吹き心地を揃える」ことで、演奏者にゆとりを与え、積極的な演奏を可能とします。特に厳密な音程のコントロールを求められるオーケストラでの演奏に絶大な効果を発揮します。

　音程を下げるためにはふさぐ穴を増やす、トリルの運指を応用する、倍音を使うなどがあります。リング・キイの楽器なら、キイの縁だけを押さえることによりより微細な調整が可能です。

◆音程を上げる

　小さい音量で下がってしまう音程を、アンブシュアで調整することには限度があります。ここでも替え指を使用して、より小さな音量や滑らかなつながりを得ることができます。

●音色の可能性を広げる

　ハーモニクスやクロス・フィンガリングなどは、こもったような感じや浮いたような感じなど通常とは異なった音色になります。これらを積極的に用いることで、演奏に幅のある色彩感をもたせることができます。

●グリッサンド、微分音などの特殊な運指

　現代音楽に特化した教本や詳しい運指表には、グリッサンドや微分音、重音などさまざまな運指が記載されています。ウェブ上にもそのような運指を扱ったサイトがあります。これらはまだ発展途上です。自分でも新しい運指を発見してください。

基礎練習におけるブレス

　基礎練習の教本はロングトーンでも指の練習でも、音符が連続していてブレスする場所がない場合があります。このようなときでも必ずメトロノームを使用しなくてはなりませんが、ブレスのためには一工夫が必要です。

●強拍まで吹いてからブレスする

　必ずブレスのための時間をつくります。特に「強拍の直前」が「転ぶ・走る」可能性が高いので、強拍まで吹いてからブレスの休符を挟み、再びその音から再開します。4拍子なら4拍子か2拍子、3拍子なら3拍子で行ってください。

　ブレスを行う間隔は、1小節あるいは2小節ごとなど規則的な場所をあらかじめ決めておきます。息がなくなってからではなく、**余裕のある段階でブレス**します。

譜例17　タファネル＆ゴーベール:《17のメカニズム日課大練習》第4番の原曲（上）と実際の練習例（下）

　休符の前の区切りの音（最後の音）は1拍、もしくは2拍分延ばすとよいでしょう。そのとき「均等四原則」にのっとり、同じ音量・音色・音型（クレシェンドやディミヌエンドをせず真っすぐ延ばす）、そしてヴィブラートにも注意します。

ピッチのコントロール

●ピッチは息の圧力とスピードで変化する

　フルートのピッチは息の圧力とスピードによって変化します。息を強く吹き込むとピッチは高く、弱く吹き込むと低くなります。

　これではアンサンブルのときに困るので、息の量が変わっても息の圧力・スピードを極力変化させないようにする必要があります。そのためには柔軟なアンブシュアを心掛け、f のときに強く吹き過ぎず、p のときに弱く吹き過ぎないように意識してください。

●息をホースで例えると?

　ホースで水をまくとき、水流が弱いと近くまでしか水は届きません。これを遠くへ届かせるためには二つの方法が考えられます。

①蛇口をひねり水量を増やす

　水量を息の量に置き換えて考えると、フルートの演奏では音量が増すことになります。さらに水量＝息の量を増やすと、流速が増し適正範囲を超えてしまいます。そうなると音程は高くなり、音色はふくよかさを失います。

②ホースの先端を指で押さえてつぶす

　ホースの断面積を小さくして水流を強めるやり方は、フルートの演奏ではアパチュアを小さくすることになります。こうすると音量を変化させずに息のスピードを確保できます。

● アパチュアのコントロール

　音量を変化させるときには息の量に合わせてアパチュアの大きさを調整しないと、音程が変化してしまいます。アパチュアを柔軟に変化させるためには、唇をはじめとする口の周りの筋肉が常時リラックスしていなくてはなりません。フルートを吹くためにはある程度の息のスピードが必要です。特に小さい音を出すときにスピードを確保できるように注意します。

● f で高くならないようにするには

　f でピッチが高くなる原因は、大量の息が狭いアパチュアを通過することによって、スピードが速くなるためです。それを防ぐためにはアパチュアを大きくし、息の通り道を広げる必要があります。「太いストローをくわえる」感覚です。また、息のスピードは「自分の息で手のひらを温めるとき」のような、「温かい息」をイメージすると程よくなるでしょう。

　そして、息の角度をやや下向きにするようにします。このとき、目線は動かさず、顔が下を向かないように注意します。

● p で低くならないようにするには

　p でピッチが低くなる原因は、少ない息が広いアパチュアを通過することによって、スピードが遅くなるためです。それを防ぐためにはアパチュアを小さくします、息の通り道を狭くする必要があります。

　また楽器を唇から遠ざけ、息の角度をやや浅く、前向きにします。いくつかの教本ではこのために「下顎を前に出す」という説明がされていますが、これは実際には難しい動きです。

　顎は、上下の動きに比べて、前後の動きではごくわずかな範囲でしか動けません。前後の動きを得るのであれば、顎ではなく下唇の弾力をバネにして、歌口を前に押し出すほうが簡単です。楽器をさらに遠ざけたい場合は、左手で楽器を引っ張ることもできます。このような動きを瞬時に行うため、唇や顎はもちろん、指や腕にも余計な緊張がかからないようにしましょう。

きほんの「ほ」

正しいチューナーの使い方

ふだん何気なく使っている「音程」という言葉には二つの意味があります。
①インターヴァル（Interval）＝音と音の間隔、音程
②ピッチ（Pitch）＝音の絶対的な高さ、音高

音程という言葉の本来の意味は「①インターヴァル」のほうです。基礎練習では、すべての音からまず完全4度、5度、8度の音程を正しい間隔で取れるよう、チューナーを使って確認します。

●はじめはチューナーを見ずに

十分にウォームアップを行い、「いつもの良い音」が出るようになってから、第1オクターヴの音を *mp* から *mf* の音量で吹いてみましょう。このときはまだチューナーを見てはいけません。

注意することは3つです。
①正しい姿勢で、余計な力の入らないアンブシュア
②音量・音色が変化しない真っすぐな音（ヴィブラートはかけない）
③美しい、そのままステージで使える音色

3つの条件を満たした音が出たら、その音を吹きながらチューナーを見ます。チューナーでの確認は「答え合わせ」なのです。最初から「答え」を見てはいけません！

この確認はピッチの確認です。ピッチが合っていれば、奏法と楽器のセッティングが正しいと言えます。

●ピッチが合っていなかったら？

ピッチが合っていなければ、次のような原因が考えられます。確認してみましょう。

ピッチが高い場合	ピッチが低い場合
頭部管の抜きしろが短い	頭部管の抜きしろが長い
楽器が外側に回っている （息の角度が浅い）	楽器が内側に回っている （息の角度が深い）
歌口の空いている部分が広過ぎる	下唇で歌口をふさぎ過ぎている
息のスピードと圧力が高過ぎる （アパチュアが小さい）	息のスピードと圧力が低過ぎる （アパチュアが大きい）

●チューナーは音程訓練の道具

🎼 の音が合ったら、そのままオクターヴ上の 🎼 を吹きます。このときもはじめはチューナーを見ずに、自分の耳で正しいオクターヴを判断してください。繰り返しますが、チューナーは答え合わせの道具です。さらに第1オクターヴの 🎼 から5度上の 🎼 、4度上の 🎼 を吹きます。

同じ高さの 🎼 も含めたこの4つの音は、基準の音に対してそれぞれ完全1度、完全8度、完全5度、完全4度となります。「完全」と名前の付いたこの4つの音程は、音程（インターヴァル）の訓練の基礎とすべき音です。

譜例18　音程訓練の基礎となる4つの完全音程。基準音との違いを捉えやすく、平均律と純正律との差がない（完全1度と完全8度）か、ごく小さい（完全4度と完全5度）

　管楽器は、正しい運指をするだけでは正しい音程にはなりません。チューニングで一つの音を合わせても、合っているのはその1音だけ。ほかの音は常にアンブシュアのコントロールによる微調整が必要です。ふだんから微調整が最小限で済むような頭部管のセッティングを探求し、常に同じセッティングになるように心掛けてください。

　私の場合は、頭部管に線を書き込み、1年中同じ抜きしろにしています。

デイリートレーニング

　付録のデイリートレーニング・シートでは、毎日の練習で確認していきたいウォームアップをまとめています。
　①跳躍、②ロングトーン、③スケール（音階）、そしてスケールをさまざまな調で吹くための、④長調と⑤短調の調号一覧です。

●常に心掛けたいこと

ウォームアップの際に大切なことは、
- ●出しやすい音からスタートすること
- ●いつも良い音で吹くこと

です。

良い音とは、具体的には
- ①音量・音質・ヴィブラートが均一であること
- ②音程が変化しないこと
- ③出だしと終わりがはっきりしていること
- ④輝き、喜びに満ちた立派な音であること

です。

簡単なことから、難しいことへと段階を進めることも忘れないでください。

●日々繰り返す意味

　毎日同じ項目を繰り返すことで、昨日の自分と今日の自分を比べてコンディションをチェックすることがきます。また、「明日の自分」の目標ももつことができるでしょう。

エチュード

●段階や目的に合わせて選ぼう

　エチュード（練習曲）には1冊に10曲〜30曲ほどの短い曲が含まれているのが一般的です。多くの場合、次のような特徴があります。

①難易度別に編纂されている
②多くの（すべての）調性を含んでいる
③技術的な項目に特化した曲で構成されている
　・レガート、跳躍など**音の連結**
　・スタッカート、ダブル・タンギングなどの**アーティキュレーション**
　・スケール、アルペッジョなど**運指**
　・変拍子など、**ソルフェージュ**
　・**前打音**、トリルなどの**装飾音符**
　・主にゆっくりな曲における**感情表現**

　世の中にはたくさんのエチュードがあるので、その時々の自分にあったエチュードを選びましょう。以下に、定番のエチュードとその特徴を簡単にまとめてみました。

●定番エチュード：初級編

◆ガリボルディ：かわいい練習曲　Op.131
　　フレーズ感を養うのに適した、親しみやすいメロディーにあふれています。
◆ドゥメルスマン：50の旋律的練習曲
　　初心者レベルから徐々にレベルが上がります。1曲が短く、練習しやすい作品です。

◆ベルビギエ：18の練習曲
　スケールやアルペッジョなどの練習に適しています。
◆ガリボルディ：歌わせる練習　Op.88
　Op.131の次のレベルです。タイトルどおり、フレーズの歌い方練習に適しています。
◆ケーラー：15のやさしい練習　Op.33-1
　上記のガリボルディ《歌わせる練習》の次のレベルです。コンクールや試験の課題曲としても定番です。

●定番エチュード：中級編

◆ケーラー：12の中級練習曲 Op.33-2
　ケーラーはイタリア北部の出身。歌心あふれるメロディーが魅力的です。
◆ドンジョン：サロン・エチュード
　貴族のサロンで演奏されるような、おしゃれで技巧的な小品です。各曲に「エレジー」「風の歌」などのタイトルが付いています。

●定番エチュード：上級編

◆アンデルセン：24の練習　Op.21
　アンデルセンはチャイコフスキーと同世代のフルーティスト、作曲家、指揮者で、ベルリン・フィルハーモニー管弦楽団の創設メンバーでもあります。フルートのショパンといわれるとおりに魅力あふれる、そして貴重な「ロマン派無伴奏作品」です。ぜひステージで吹いていただきたい名曲です。
◆ベーム：24のカプリス　Op.26
　ベームは現在のフルート・システムの生みの親です。ベルビギエと同じく日課練習に適した音型が中心ですが、数曲の音楽的な作品がもつパッションは心が震えるものがあります。
◆フュルステナウ：24の練習曲（音の花束）　Op.125
　シューベルトやクーラウと同世代のフュルステナウが、ベートーヴェンとリストに挟まれた時代に生まれたのは重要な事実です。ロマン派ヴィルトゥオーゾの模範を示すかのような音楽的・技巧的な名曲です。

●20世紀以降
- ◆ボザ：14のアラベスク練習曲
- ◆ビッチュ：12の練習曲
- ◆カステレード：12の練習曲
- ◆カルク＝エラート：30のカプリス
- ◆ダマーズ　初級から上級まで難易度別に合計8冊出版されています
- ◆ショッカー：10の練習曲

　上級編までの項で紹介したエチュードは、すべてフルーティストでもある作曲家によるものでしたが、20世紀以降の項で紹介したものは、ショッカーを除く全員がフルート奏者ではない「作曲家」によるものです。演奏家と作曲家の分業化・専門化が一般的になったのも主に20世紀以降です。

　このほかにも数多くのエチュードがあります、ぜひ挑戦してください。

●ステージ上でも映（は）えるエチュード

　エチュードはレッスンで先生から「マル」をもらえば二度と演奏されないことが多いと思います。それ以外ではコンクールや音楽大学の入学試験くらいでしか耳にする機会がありません。しかし、珠玉の名曲を人目に付かないところだけで演奏するのはあまりにも「モッタイナイ」と思います。

　本来「エチュード」と「曲」に区別などないはずです。ピアニストはショパンのエチュードをコンサートのプログラムに取りあげます。

　フュルステナウのエチュードは、同世代の作曲家クーラウの《無伴奏フルートのためのファンタジー》と比較しても、作品の価値は何ら変わるところはありません。この二人はベートーヴェンの1世代後輩に当たります。ガリボルディ、アンデルセン、ケーラーはブラームス、チャイコフスキーと同じ後期ロマン派のフルート奏者・作曲家です。

　エチュードを「無伴奏作品」として、積極的にステージで取りあげてみてはいかがでしょうか？

ピッコロ

●持ち替えの難しさ

　オーケストラや吹奏楽のほとんどのプログラムにピッコロが登場します。ソロのための作品もたくさんあり、フルート奏者にとってピッコロは身近な存在です。

　オーケストラでは2番奏者がピッコロを担当しますが、曲によっては1番奏者も持ち替えて演奏する必要があります。このように、ピッコロは一つの曲の中でフルートと持ち替えて演奏する場合も多いので、ピッコロのみに通用する奏法では、フルートへの切り替えが難しくなります。

●アパチュアと息はフルートの半分

　ピッコロの吹き方はフルートと同じです。唇の同じ場所に歌口を当て、同じ角度で息を吹き込みます。忘れてならないことは、ピッコロとフルートの大きさの違いです。ピッコロはフルートの半分の大きさですから、使う息の量も半分。したがって、アパチュアも半分の大きさにする必要があります。

　音程の調節も、少しの加減がフルートより大きな変化として表れるので、細心のコントロールが求められます。頭部管の抜き加減も極端にならないよう注意します。仮にピッコロの頭部管を3mm抜くと、フルートでは6mm抜いたのと同じことになります。

　楽器の外径も細いので、下顎に歌口が触れる面積もフルートよりも少なくなります。フルートと同じ感覚で歌口に触れてしまうと、ピッコロは「下顎にめり込んだ」状態になります。高音域で音程が下がる、音色が暗くこもったように聞こえる、音量が小さい、などの問題がある場合には、歌口と下顎の関係が原因になっているかもしれません。

● **トリル・キイは強く押さえない**

　ピッコロのトリル・キイを強く押さえると、キイ裏側のコルクがつぶれてしまい、トリル・キイの開きが設定よりも大きくなります。こうなると音程が高くなり、また第3オクターヴの 𝄞⁸ᵛᵃ や 𝄞⁸ᵛᵃ が出なくなることもあります。トリル・キイを強く押さえないように注意しましょう。

● **フルートよりも大きな個体差**

　ピッコロは、現在でも木製の楽器を多く見かけます。金属製や樹脂製の楽器もありますが、材質の違いによる音色などの差はわずかです。

　それよりもメーカーによる音程の違いや、同じメーカーの中での個体差のほうが、フルートよりもはるかに大きく感じられます。これに対応するには、それぞれの楽器がもつ「音程のクセ」を覚えないとどうにもならないので、上達のためには「自分の楽器」を持つ必要があります。

● **フルートと違う運指に注意**

　ピッコロの運指は基本的にはフルートと同じですが、トリルの運指や替え指など、一部フルートと異なるところも一部あります。自分の楽器に適した運指を探し出し、場合によっては開発する必要もあります。

● **フルートのエチュード、演奏曲を活用する**

　ピッコロの練習には、フルートのやさしいエチュードや曲を使うといいでしょう。音程やフレーズなど、表現の基本となる注意点はフルートと変わるわけではありませんし、また、一度フルートで経験しているエチュードであればなおのこと、以前の経験を生かすこともできます。

　また、曲の練習をする場合、指の練習や音楽表現を練習する段階では、フルートで練習するほうがよいでしょう。

きほんの「ほ」

楽譜の育て方

●楽譜の書き込み方で上達しよう

　楽譜は、使った人の書き込みによって補完、潤色されて育っていくものです。書き込み方にも上達のためのコツがあります。

◆書き込みは必要最小限に

　楽譜にあれもこれも書き込んで印刷が見えなくなったり、記号や音符を○でぐるぐる囲んで「さて何の意味だっけ？」となったりしていませんか？暗号を書くのではなく、何年後に見ても、ほかの人が見てもわかるように具体的に書きましょう。オーケストラや吹奏楽では、楽譜が団体の備品やレンタルということも多いので、なおさらです。

◆できるだけ日本語を書かない

　音楽用語はイタリア語が基本。勉強のためにもイタリア語あるいはフランス語、もしくはドイツ語で書きましょう。英語でもかまいません。

◆覚えたら消す

　楽譜に書くことで満足してはいけません。書き込む目的は覚えることであって、書き込みは覚えるまでの補助手段です。覚えたら消します。また、あとで消せるように必ずBよりもやわらかい、太めの芯の筆記具を使います。0.5mm以下のシャープペンシルでは楽譜に穴を開けてしまいますよ。

●製本は使いやすく

　楽譜のコピーは著作権法で禁じられていますが、ページめくりの都合で数ページ貼り合わせる場合や、自分で購入した楽譜の予備を作る場合など、コピーしたものは必ず製本しましょう。製本用テープ（いわゆるマスキングテープとは別の、専用のもの）、スティックのり、定規、カッターナイフなどを使って丁寧に作業します。無音でめくれること、めくったページが戻ってこないことが重要。ページの左右を入れ替えて製本しないように！

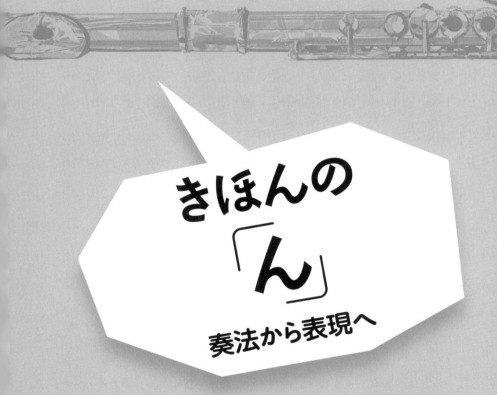

フルートの音色と表現

●自分の楽器の特徴を知ろう

　フルートの得意なことは、タンギングを生かした速いパッセージ、高い音域での聞き取りやすさ、音域ごとの音色が変化に富んでいること、などが挙げられるでしょう。反面、中低音域では音量が小さく、音色が柔らかいことが、状況によっては不利になることもあります。

　楽器の歴史も古く、バロック時代からバッハやテレマンをはじめとした作曲家たちによるたくさんの名曲が生まれていて、今でもたくさんの作品が日々生まれています。楽器がコンパクトで、扱いも簡単なことからアマチュアにも人気があり、ピアノやヴァイオリンと並んでポピュラーな楽器です。

●音色のパレットを広げよう

　フルートはさまざまな音色を出すことができますが、音色をつくるのは演奏者です。演奏者の豊かな想像力と十分なテクニックによって、パレットにさまざまな色を並べることができるのです。

　こういう音色をつくりたい、というイメージを具体的に言葉に置き換えてみましょう。ソムリエがワインの説明をするときのような豊富な語彙を駆使できるでしょうか。辞書を使ってもかまいません。言葉が、音色のイメージを確かなものにしてくれることもあるのです。以下に例を挙げてみます。

柔らかい音色：淡い、薄い、透明、向こうが透けて見える、見えない、霧、綿、シルク、中間色、パステルカラー、グラデーション
暗い音色：夜、暗闇、影、黒、濃い灰色、深海
明るい音色：青空、夕焼け、暖色、新緑、ひまわり
輝かしい音色：まぶしい、熱い、トランペット、原色、電光、ダイヤモンド

多彩な音色をキャンバスに描くには、良い道具と技術が必要です。完璧に調整された良い状態の楽器を持ったら、あとは優れた技術でイメージした音色を実際に音にしなくてはなりません。

例えば、柔らかい音色を出すときは、息の支えを十分に意識します。激しい音色を出すときは柔らかで温かい息を用います。*p* ではしっかり支え、*f* では緩く柔らかく、を忘れずに！

●役割を演じるとき

演奏者は役者と同じく、与えられた役を台本どおりに演じなくてはなりません。フルートに与えられることが多い役割には「鳥」がありますが、小さくて軽やかに飛び回る鳥がフルート向きだと言えるでしょう。

譜例19　プロコフィエフ《ピーターと狼》より

このような甲高くスタッカートな鳴き方の鳥が、よく楽譜に書かれています。

そのほかに与えられることの多い役割は、水を表したもの（ドビュッシー《小組曲》、ライネッケ《ウンディーヌ》など）や、自然を表したもの（リヒャルト・シュトラウス《アルプス交響曲》での雨粒など）。また、ダンスは音楽の重要な要素の一つです。

楽譜に書かれた音符を正確に演奏することは絶対ですが、そのうえで、書かれた音符が意味することを読み解いて、そのキャラクターにふさわしい演奏をすることも、また大切なのです。

アンサンブルの醍醐味

●アンサンブルの中のフルート

　フルートはソロのほかにも、さまざまなアンサンブルで演奏することがあります。主な編成は次のようなものです。

- **フルート族のアンサンブル**：2重奏〜5重奏など
- **フルート・オーケストラ**：多数のフルート族。1パートを複数人で吹く
- **管楽器とのアンサンブル**：木管4重奏、5重奏、6重奏など
- **弦楽器とのアンサンブル**：3重奏、4重奏、5重奏など
- **管弦楽のアンサンブル**：3重奏、9重奏など
- **ピアノが加わったもの**：多くのフルート・ソナタ、3重奏など
- **声楽が加わったもの**：バッハのカンタータなど

　変わったところでは、フルートとファゴット（ヴィラ=ロボス）、フルートとホルン4本（ドップラー）、フルートとオルガン（アラン）、フルートとヴィオラ（ドヴィエンヌ）、フルートと打楽器（ジョリヴェ）、フルートとシタール（シャンカール）など、さまざまなアンサンブルがあります。
　さらに編成が大きくなるとオーケストラや吹奏楽になります。

●メロディー以外の楽しみ

　フルートはメロディーを演奏する機会が多い楽器ですが、もちろんそれだけではありません。オーケストラ作品の中から「これぞ！」という曲を取りあげたので、実際に曲を聴いて、スコアを見ながら、その場所を探してみましょう。多くの作曲家や作品を知ることも、音楽の幅を広げるために大切です。

　◆**オブリガート**　音量やニュアンス、テンポの揺れなどメロディーに寄り添って慎重に演奏します。消極的にならず、ときにはメロディーをリー

ドする気持ちも必要です。
- バッハ：《マタイ受難曲》のほか、カンタータやオラトリオなど多数
- ドニゼッティ：オペラ《ランメルモールのルチア》から〈狂乱の場〉
- ドヴォルジャーク：《チェロ協奏曲》

◆**曲芸技**　「これぞ見せ場！」なのでミスは許されません。
- リヒャルト・シュトラウス：《家庭交響曲》《ティル・オイレンシュピーゲルの愉快ないたずら》
- ドヴォルジャーク：《交響曲第8番》より第4楽章
- メンデルスゾーン：《真夏の夜の夢》より〈スケルツォ〉
- ラヴェル：《ダフニスとクロエ》よりパントマイムのソロの後に続くファースト・フルートとセカンド・フルートの綱渡り芸
- サン゠サーンス：《動物の謝肉祭》より〈大きな鳥かご〉

◆**主役交代**　主役からオブリガートへ。
- イベール：《3つの小品》
- ビゼー：《カルメン》より〈間奏曲〉

2曲ともフルートからクラリネットへ交代します。

◆**ハモリ**　下のパートは音量だけでなく3度の音程を細かく調整します。
- ベルリオーズ：《キリストの幼時》
- ビゼー：《アルルの女第1組曲》より〈カリヨン〉
- ブラームス：《交響曲第1番》第4楽章、《交響曲第4番》第2楽章

◆**ユニゾン**　音程はもちろん音色、ニュアンスも揃えます。
- ベートーヴェン：《レオノーレ序曲第3番》　序奏はヴァイオリンと、中間部はクラリネット、ファゴットとのユニゾン
- ベートーヴェン：《交響曲第7番》第2楽章　木管楽器のユニゾン
- ドヴォルジャーク：《交響曲第9番》第2楽章　オーボエとのユニゾン　楽器によるブレスの長さの違いを考えることが大切

◆**受け継ぎ**　一つのメロディーに聞こえるようにするためには、先に終わるパートがディミヌエンドをやり過ぎないように注意します。
- ベートーヴェン：《交響曲第5番（運命）》第3楽章のトリオ部分　フルートからオーボエ、クラリネット、ファゴットへ

きほんの「ん」

- チャイコフスキー：《ヴァイオリン協奏曲》第1楽章

    フルートからソリストへ

◆**世界的ソリストに伴奏をさせる**　これぞオーケストラ吹きの特権です。

- ラフマニノフ：《ピアノ協奏曲第2番》第2楽章冒頭
- シベリウス：《ヴァイオリン協奏曲》第1楽章
- メンデルスゾーン：《ヴァイオリン協奏曲》第1楽章再現部

◆**指揮者が振らない部分、カデンツァ**　実はリズムどおりの演奏が基本

- ドビュッシー：《牧神の午後への前奏曲》冒頭
- バルトーク：《管弦楽のための協奏曲》第4楽章
- シューマン：《交響曲第1番》第4楽章
- ストラヴィンスキー：《ペトルーシュカ》

◆**注目される！**　テレビ中継でフルートがアップで抜かれる場面

- ブラームス：《交響曲第4番》第4楽章
- ドヴォルジャーク：《交響曲第8番》第4楽章

◆**セカンド・フルートだって！**　ファーストに代わってソロを担当

- ドヴォルジャーク：《交響曲第9番》第1楽章
- ラヴェル：《マ・メール・ロワ組曲》冒頭

◆**みんな仲良く**

- チャイコフスキー：《くるみ割り人形》より〈葦笛(あしぶえ)の踊り〉3本のフルート

◆**ずーっと主役**

- ビゼー：《アルルの女》よりメヌエット
- グルック：《オルフェオとエウリディーチェ》より「精霊の踊り」

◆**ピッコロが活躍！**

- ベートーヴェン：《交響曲第9番》第4楽章
- チャイコフスキー：《交響曲第4番》第3楽章
- ドリーヴ：《コッペリア》

◆**アルト・フルートが活躍！**

- ストラヴィンスキー：《春の祭典》
- ラヴェル：《ダフニスとクロエ》
- ホルスト：《惑星》

その❸

フルートは代弁者・翻訳者

●楽譜にはメッセージがつまっている

　ベートーヴェンのいわゆる「第9」(《交響曲第9番》)の自筆楽譜は世界遺産に認定されています。音符や記号、イタリア語の指示はもちろん、ときに几帳面であり、ときに乱雑にもなる彼の筆跡や修正の痕跡など、作曲家の心の内側が見えてくるかのようです。楽譜には作曲者のメッセージがすべて書き記されているのです。

　ですが楽譜が「音楽作品」になるためには演奏される必要があります。楽譜だけでは音として聴衆の耳には届かず、音楽作品として最終の形とはいえないからです。演奏者の役割は、作曲者の意図を聴衆に伝える「**代弁者**」であり、楽譜という記号を聴衆にわかるように伝える「**翻訳者**」といえます。

●古代ギリシャ以来の3科目

　古代ギリシャ・ローマ時代から伝わる学問の基本である「リベラル・アーツ(自由七科)」のうち、中核をなすのが「論理学・文法学・修辞学」です。

> 思いを組み立てる　→　**論理学**
> 間違いなく伝える　→　**文法学**
> 聴衆を納得させる　→　**修辞学**

　耳慣れないかもしれませんが、「学」というからには、初歩から順に知っていけば誰でも学べるようにものごとが整理されている、ということです。一つずつ検証していきましょう。

●論理学

　論理学は、思いを組み立てるものです。作曲者が作品に込めているいろいろな思いや意図を、演奏者が読み取り、理解し、共感しなくてはなりません。

- ●何を表現しているか？　→喜び、悲しみ　など
- ●どのように表現しているか？　→踊り、祈り、歌、語り　など
- ●どのように場面が移り変わっているか？
  →静から動、暗から明、小から大　など

●文法学

　文法学は、間違いなく伝えるためのもの。作曲者が選んだ作品のスタイル（様式）を読み取り、その様式の決まりに沿って演奏しなくてはなりません。

- ●舞曲　その種類に従った決まり（ステップ、テンポ）があります。
- ●歌曲　その歌詞に従ったイントネーション、区切りがあります。
- ●民族音楽　伝統的なリズム、音階、テンポの揺らぎなどがあります。
- ●バロック時代の作品　通奏低音やフーガ（対位法）
- ●古典派以降の作品　ソナタ形式、ロンド形式など、形式化した約束ごとがあります。

●修辞学

　修辞学は、聴衆を納得させるための表現方法。時代様式ごとに「こういうパターンの表現が出てきたら、○○という存在／感情を示している」という、作曲家と同じ時代の聴衆の間に存在していた「約束」があります。

- ・音型や拍節にそったアクセント、クレシェンドやディミヌエンド
- ・作品の感情表現にふさわしい音色やヴィブラート
- ・指示された範囲内でのテンポ設定
- ・不自然・不合理でない範囲での体の動き

　などが必要不可欠です。

音楽以外のことがらや、別の音楽作品の素材を作品に用いるのも、修辞学の一環です。自分がになう役柄を把握しましょう。

◆神話の登場人物
　ドビュッシー：《シランクス》《牧神の午後への前奏曲》
　ムーケ：《パンの笛》
　ラヴェル：《ダフニスとクロエ》

◆民謡や民族舞踊に由来するもの
　外山雄三：《管弦楽のためのラプソディー》（日本の馬子唄）
　ドップラー：《ハンガリー田園幻想曲》
　ベーヌ：《グランド・ポロネーズ》
　ドヴォルジャーク：《スラヴ舞曲》
　ピアソラ：《タンゴの歴史》（アルゼンチン）

◆ダンス・舞曲
　さまざまなダンスはそれぞれに決まったステップがあり、テンポも決まっています。
　ヨハン・シュトラウス２世：《美しく青きドナウ》（ワルツ）、《アンネン・ポルカ》（ゆっくりのポルカ―フランス風）、《トリッチ・トラッチ・ポルカ》（速いポルカ）

◆歌曲やオペラに基づく作品
　歌曲やオペラから主題を取った作品では、原曲の歌詞や歌い方を参考にする必要があります。
　シューベルト：《「しぼめる花」の主題による序奏と変奏曲》
　タファネル：《ウェーバーの「魔弾の射手」による幻想曲》
　ボルヌ：《カルメン・ファンタジー》

音程のコントロール

●ステージでのチューニングは儀式

　ステージで行うチューニングは「確認」であって、正しいピッチ合わせは、その前のウォームアップで済ませます。

　ステージでのチューニングは儀式と考えてください。実際にオーケストラでチューニングを行うのは弦楽器で、管楽器は出した音の最初からぴったり合っていなくてはなりません。大勢が一斉に音を出している状態でピッチを合わせることは困難なのです。「儀式」は、以下の順で進めます。

- ●十分にウォームアップが済んだ状態で
- ●正しいピッチを狙って
- ●基準音（オーボエ、ピアノなどの 𝄞 や 𝄞 ）と同じ音量・音色で
- ●やや控えめに、真っすぐ吹く。ヴィブラート厳禁！

　私は、オーケストラのリハーサルの1時間前から自分の席に座ってウォームアップを行います。その間、周囲の音を聴いて「いつものピッチ」を確認しています（ほかの人もそうしているはずです）。いつもと同じセッティング、同じ頭部管の抜き方で楽器が温まり、アンブシュアが前日までの感覚を取り戻せば、いつも同じピッチになるはずです。もしそうならなかったときには、私は自分の体調を疑います。

●3度音程がかなめ

　長3和音（長調のド、ミ、ソの和音）を美しく奏でるためには、ミの音をほかの音よりも低くする必要があります。これは平均律と純正律の違いによるもので、おおよそ半音の3分の1ほど低くします。逆に短3和音（短調のド、ミ♭、ソの和音）ではミ♭を低くしません。そのほかにもこのような例

はたくさんありますが、実はチューナーに合った音程、つまり平均律で美しく響くのは、厳密にはユニゾンとオクターヴだけなのです。

　楽器の構造上、弦楽器やトロンボーンなどは音程の調整が容易ですが、フルートでもこの程度の調整なら、アンブシュアのコントロールや、場合によっては替え指を用いて対処できます。

　しかし、音程を動かすことのできない鍵盤楽器でも美しい和音を奏でることができます。優れたピアニストは和音を構成する音一つ一つの音量や音色の加減を、瞬時に判断してコントロールしているのです。

●アンサンブルで音程が合わないとき

　和音を美しく響かせるためには、音程だけでなく音色と音量のバランスも重要な要素です。アンサンブルにおいて音程が合わない、どうも居心地が悪いと感じたら、周囲の音をよく聴くためにも自分の音量や音色を少し控えめにします。そうしてから自分の吹いている音が和音のどの音なのかを考えます。またほかの楽器の音から和音の根音、あるいは自分と同じ音を探します。

　数人で音程を確認する場合は、必ず基準となる音（ドミソのド、もしくは和音のいちばん低い音）を設定し、チューナーなどに合わせて動かさないようにします。全員が右往左往しては正しいピッチ（多くはラ＝442Hz）から離れたところで完成してしまいます。

　確認の手順は、最初にドとソ（完全5度）を合わせます。その後ミを「はめ込み」ます。ミは柔らかく吹くことがコツです。

　長3和音において、例え理論的に正しく「ミの音を下げ」たとしても、音色や音量のバランスが不適当ならば、合っているようには聞こえません。ハーモニーという言葉は「調和」を意味します。和音は「音が和やかに集まる」からこそ美しく響くのです。

　楽譜に「↑↓」など音程の修正を書き込むことは極力避けましょう。書き込みを見て思い出すのではなく、どのような場合でも音程の修正は頭で理解し、習性として身に付けるべきです。

きほんの「ん」

スコア

●スコアの使い方

楽譜には「パート譜」と「スコア」があります。作品のすべての音符が記載されたスコア（総譜）から、楽器ごとに演奏箇所を抜き出したものがパート譜です。五線のサイズやページをめくる箇所、移調楽器の記譜などが演奏しやすいように配慮されています。

パート譜に印刷された情報量は作品全体の数分の1から数10分の1程度でしかないので、パート譜だけを見ていては作品全体を見渡すことができません。必ずパート譜とスコアをセットで持ち、必要があればスコアを確認するようにしましょう。

●スコアから読み取れる情報

◆自分は何をしているのか？

オーケストラや吹奏楽などの大編成の作品の場合、自分が演奏しているときにほかの楽器は何をしているのかを把握する必要があります。聞こえないところに大切な音符が存在するかもしれません。

自分は主役なのか、脇役なのか？ 主役なら目立つ必要がありますし、脇役（オブリガート）なら、どの楽器に寄り添うのかを考えます。

和音の何番目（ド、ミ、ソのどれなのか）を担当しているのかを知ることによって、適切なバランスと狙うべき音程や音色を把握できます。

◆出るところ、切るところの確認

いつも決まったテンポで音楽が進むわけではありません。例えばフェルマータで中断した後の出だしが、みんな一緒とは限りませんし、音を切るタイミングも一人だけ違う場合があります。

◆リズムの確認

　次の例はどちらも同じ「付点のリズム」ですが、前者はピアノが弾く4分音符の上で、弾むように少し自由に演奏できます。後者はピアノが弾く16分音符と合うように正確に演奏します。

譜例20　上下とも
プロコフィエフ：
《フルート・ソナタ》
第1楽章

◆拍子の確認

　3/4拍子と6/8拍子など、異なる拍子が同時に存在することがあります。またバロック時代には3/4拍子を2小節合わせて3/2拍子のように分割する「ヘミオラ」という演奏習慣がありました。これもスコアで低音パート（バス）を見ることによって見つけることができます。

◆受け継ぎ

　楽器の受け継ぎがわからないように、音量、音色、音程を合わせる必要を確認できます。

◆交代、サボり

譜例21の場合、セカンド・フルートはブレスをするために音符を一つ省略する必要があります。ファースト・フルートが休符のところでは省略が目立つので、スコアを見ながら省略する位置を考えます。

譜例21　スメタナ：《わが祖国》より「ブルタヴァ（モルダウ）」中間部
　　　　セカンド・フルートは（　）の音を吹かずにブレスする

◆変更、訂正

ベートーヴェンの時代のフルートでは、 の音は出せませんでした。楽器の進歩に合わせて音域を最大限に駆使した作曲者のことを考え合わせると、現在のフルートで下の譜例を吹く際にはメロディーの音型に合わせて第3オクターヴの音に変更することもできます。

譜例22　ベートーヴェン：《交響曲第9番》第4楽章より

また、楽譜は正しく印刷されているとは限りません。たまにミスプリントもあるので、スコアで和音や同じ動きのパートを確認することは大切です。

◆イメージを膨らませる

シューベルト《「しぼめる花」の主題による序奏と変奏曲》の第3変奏で、フルートの6連符とピアノの4連符が同時に出てくる場面があります。ここでは、例えば6連符は川の流れのように一定のテンポで、4連符はそこで泳ぐ魚のように自由な揺れをもたせるなど、スコアを見て想像力を働かせることができます。

楽譜の読み方

●楽譜に込められたメッセージ

　楽譜はいわば設計図であって作品の完成形ではありません。その最終段階を担う演奏者は楽譜を手掛かりに作曲者の意図を忠実に代弁しなくてはなりません。

　同じ作品でも演奏者が異なれば違うように聞こえるのは当然のことです。ただ演奏解釈とは"演奏者がこう思う"ということよりも、"作曲者はこう思った"ということを推測する行為です。（p.61）

　推測の手がかりとなるのは第一に楽譜ですが、例えば ƒ や p といった音量の指示は絶対値が決まっているわけではありません。**Adagio** や **Allegro** といった言葉も、本来は表情を表す言葉であり、スピードを示す尺度ではありません。

　作品にメトロノーム指示（作曲者自身によるものも含めて）が記載されている場合も、実際に演奏するとしっくりこなかったり、中には演奏に困難を生じるような場合が数多くあります。こういう矛盾のすり合わせには、当時の演奏習慣を記した文献などを参考にする必要もあります。

◆「てふてふ」を「てふてふ」と読まないために

　古い日本語で"てふてふ"と書かれていたら"ちょうちょう"と読まなければならないように、楽譜も時代によって"読み方"が異なります。記譜法はバッハの時代から300年間ほぼ変わっていませんが、ときとして"古文"を読み解くような知識が必要になります。それらを無視して印刷された音符や音楽記号を"口語文"のようにそのまま音にすると、音楽表現を誤る可能性があります。

もちろん、言語と同じく楽譜の文法にも解釈の幅があります。古い文献には"よい趣味を持って演奏する"という言葉がたびたび登場します。演奏技術のみならず、美学や文学、自然科学や哲学といった幅広い知識と教養をもつことが"よい趣味"を身に付ける王道でしょう。
　演奏者は伝道者です。楽譜を読み取り読み解き、聴衆に伝える責任を負っています。常にイメージと客観的事実の両面から、楽譜に対峙（たいじ）しなくてはなりません。

　古今の名曲とされる作品は、譜面そのものがヴィジュアルとして美しいものです。譜面を遠くから眺め、近くから眺め、正面から横から斜めから表から裏から眺めると、何か見えるものがきっとあるはずです。
　「アナリーゼ（楽曲分析）」などと身構えてから始める必要はありません。
　自分のわかる範囲のことから丁寧に楽譜を読んで、それまで気付けなかったことに気付けたら、それが演奏解釈の第一歩なのです。

●マイナスワンCDの楽しみ

　CDなどに合わせて練習することは楽しいし、効果的です。現在では伴奏だけを収録した"マイナスワンCD"も発売されていますが、レパートリーが限られます。普通のCDでもかまいません。ウィーン・フィルハーモニー管弦楽団やNHK交響楽団の中で吹いてみたり、エマニュエル・パユや高木綾子さんのような世界的なフルーティストとユニゾンしてみるなど、楽しんでください。

ブレス位置の判断

どこでブレスをすべきか？ を判断することは簡単ではありません。ブレスには二つの役割があります。

●呼吸のためのブレス

肺に空気がなくなると音を出すことができませんが、少なくなっただけでも息の流れが不安定になったり、気持ちの不安や脳の酸欠などの要因からミスをする確率が高くなります。こうなる前にブレスをして、肺と頭の余裕を取り戻す必要があります。もちろんテンポやリズムを妨げることなく、目立たずに行う必要があります。

◆ブレスしやすい場所を探す

当然ながら休符、それも長い休符がブレスに適した箇所です。休符がなければ長い音を少し短くしてブレスします。タイが付いている場合は、つながった後ろの音を休符にします。

◆目立たない場所を探す

拍節でいちばん大切なのは強拍（1拍目）ですから、その直前にある"小節線（縦線）"でのブレスは目立ちます。そのほかにも高音域、同じ音符が連続する途中、急速なフレーズの途中、アンサンブルでソロの箇所、などは目立つ箇所です。このような箇所でのブレスは、なるべく避けましょう。目立たない場所は強拍の後、拍の裏、低音域、音程（インターヴァル）の広い箇所、リズムやフレーズの区切りなどです。

◆省略・変更

音符が連続している場合、いくつかの音符を省略することも可能です。また刺繍音などは3連符に変更してブレスの時間を確保できます。

●フレーズのためのブレス

　フレーズには区切りがあります。例えば、
　　私は興奮して演奏する人を見た
という文章の途中に句読点を置く場合、
　　私は、興奮して演奏する人を見た
とする場合と
　　私は興奮して、演奏する人を見た
とした場合では、文章の意味が変わってしまいます。

　音楽のフレーズが常に言葉に対応しているわけではありませんが、人間が行うことですから一定の区切りや、一息で演奏できる長さがある程度決まっています。一つのフレーズの区切りが、多過ぎても少な過ぎても不自然です。
　どこで区切るかを音楽的に判断することは簡単ではありません。和声、リズム、フレーズなどさまざまな要因から判断する必要があります。また答えは一つではありません。

　ほかには特に声楽作品を中心に多くの作品を聴いて覚えること、音楽以外にも芝居の台詞や演説など、人間が発する言葉を参考にするとよいでしょう。
　クラシック音楽が発展してきたのはイタリア語、ドイツ語、フランス語など、ヨーロッパ言語の環境においてです。これらの言語と比べて、日本語はイントネーションやリズムが平坦でアクセントが少ないように思えます。しゃべれなくてもかまいません、イタリア語やドイツ語のように演奏してみましょう。

きほんの「上」に
楽しく音楽を続けよう

Flute

練習の組み立て方

　練習に費やせる時間は人それぞれで、日によっても違います。休日にまとめて練習するよりも、**わずかな時間であっても毎日楽器に触れる**ほうが技量の維持にもプラスです。1日に10分でも毎日楽器に触れましょう。

●ブロック工法で効率良い練習を

　練習は、できないことをできるようにするものです。すでにできるところをやる必要はありません。また、使える時間にも限りがあるので**効率のよい練習＝ブロック工法**で練習を進めましょう。

　たとえば、曲や長いフレーズの最初から最後まで通して練習すると、途中で間違えることがよくあります。そのときに最初からやり直すよりも、間違った箇所だけ取り出して練習したほうが、はるかに効率的に短時間で克服できます。難しいパッセージの中でも4音、6音程度なら間違えずに吹けるはずです。間違えずにできる場所をつないでいけば、長いフレーズの完成です。

　その際の練習法は4種類。

　①**分割**　拍単位に分割する。次の拍の最初の音符まで吹く
　②**反復**　分割したものをメトロノームに合わせて、休みなく繰り返す
　③**低速**　必要ならテンポを遅くする。必ずメトロノームを用い、正確なリズムで繰り返す
　④**変化**　指の難しいところ、リズムが「転ぶ」ところなどのリズムを変化させて練習する

　練習を組み立てる原則は「簡単なことから難しいことへ」です。次の4つの軸で「簡単なこと」から練習を始めましょう。

①**音域**　中低音域から高音域へ（ただし極端に低い音は「難しいこと」）
②**音程**　半音から徐々に広く
③**つなげる数**　単音から二つ、3つ、それ以上
④**テンポ**　遅めから速め

●楽器の組み立て、姿勢の確認

　演奏はいつも同じコンディションで行うことが理想ですが、場所や天候、心身の状態などはいつも同じとは限りません。演奏する曲目や目的も変わります。だからこそ、**楽器や奏法をいつも同じコンディションに整え**、そのほかの変化する要因に対する基準とすべきなのです。

◆**いつも同じように楽器を組み立てる**　頭部管・足部管の角度、頭部管の抜き具合を確認し、必要なら印を付けておきましょう。

◆**いつも同じ姿勢で構える**　譜面台に対しての角度は右斜め向き、正面から見ても横から見ても真っすぐに。頭―腰―足が垂線に沿って直線に、立奏でも座奏でも上半身は同じです。リラックスしましょう。

◆**メトロノームを使う**　テンポの感覚は思っている以上にあやふやです。ヴィブラートの速さの確認、ロングトーンで音を延ばす拍数、スケールやアルペッジョ練習のテンポなど、メトロノームはかけっぱなしにします。特別な必要がない限りメトロノームは80にすることを勧めます。これはヴィブラートのスピードを確認するためです。

◆**譜面台を使う**　練習だからなくてもいいや、と思わないでください。正しい姿勢で練習できないのなら、やらないほうがマシです。

◆**時間を確保する**　たとえ10分でも集中する時間が必要です。

◆**いつもと同じ環境をできるだけ整える**　極端に熱い、寒いなどの環境は練習の妨げになります。

きほんの「上」に

●練習時に確認すること

時間がないときでも、次の4点は確認しましょう。

◆ゆっくり深いブレス

1小節分の時間で鼻から吸います。満タンにする感覚を確認します。

◆タンギングなしのスタッカート

低音域を中心に始め、徐々に高い音域に移動します。

◆ロングトーン、レガート

一つの音を延ばすよりも二つ以上の音をつなげます。必ずメトロノームを用いて、ヴィブラートが途切れないように注意します。

◆スケール、アルペッジョ

ロングトーンの音の数を増やし、テンポを速くするとスケールやアルペッジョになります。両者でやるべきことに違いはありません。すなわち、「正しいテンポ（リズム）」「美しく明瞭な音」「隣り合った音の同質性」はロングトーンでもスケール、アルペッジョでも同じく目指すところなのです。

やむを得ず十分に時間が取れない場合は、準備の優先順位を

　　良い音　＞　正しい音程　＞　フィンガリング　とします。

●演奏曲で基礎練習

『ソノリテ』や『タファネル＆ゴーベール』などの教本が手元にない場合は、その日演奏する曲からスタッカート、ロングトーン、スケール、アルペッジョの要素を探して基礎練習に使うこともできます（譜例23）。音域やアーティキュレーション、テンポを変えてさまざまなヴァリエーションを作り出すといった創意工夫こそが楽しく練習する秘訣です。

譜例23　フォーレ《ファンタジー》

楽器のメンテナンス

　フルートはオーボエやクラリネットのようなリードの選択・制作・調整も、金管楽器のようにオイルを毎日注油する必要もありません。購入すべき消耗品も特にないので、楽器を購入した後は楽器店に足を運ぶ機会が少なくなるかもしれません。しかし、大きな口径のトーンホールを持つフルートは、その密閉度や複数のキイの連結などがとてもデリケートなので、微細なトラブルを見過ごさない注意が必要です。

●毎日必要な手入れ

◆管内部の水滴を除去する

　演奏すると、管の内部に水滴が生じます。この水滴は呼気に含まれる湿気が冷えたもので、唾液ではありません。楽器付属の掃除棒にガーゼや小さめのハンカチなどを巻き付けて水滴を拭き取りましょう。ガーゼやハンカチは、巻いたときにキツ過ぎない大きさのものを選びましょう。

　水滴は、練習が終わったときだけでなく、演奏中もこまめに拭き取ります。楽器をケースにしまうときは、ガーゼを付けた掃除棒を管内に入れっぱなしにしないようにしましょう。

◆管の外側、ジョイント、キイを拭く

　手や顎が触れる部分は汗などが付着します。そのままにしておくと銀や銀メッキの楽器は黒く変色し、洋銀の楽器は表面がざらざらしてきます。楽器用のクロスや眼鏡拭きのような、柔らかく目の細かい布で軽く拭きます。

　頭部管と足部管のジョイント部分は汗や汚れなどがたまると抜き差しができなくなることがあるので、外側だけでなく内側もよく拭きます。木製のピッコロなどでジョイント部分にコルクが巻いてあるものは、必要なら専用のグリスを薄く塗ります。演奏後は布（楽器の表面や内部を拭くものとは別にする）でグリスを拭き取ります。

布は楽器専用のものを用意し、ほかの用途には使わないようにします。一度床に落とした布にはホコリや砂が付着していますから、それで楽器を拭くと傷が付きます。掃除棒の布と合わせて定期的に洗濯してください。

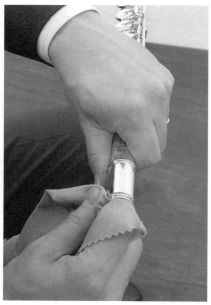

写真10　強くこすると部品が曲がったり、パッドの縁を痛めることになるので注意。キイは管体に対して直角の方向に拭く

写真11　頭部管、足部管とのジョイント部分は内側もよく拭く。汗や汚れがたまると、抜き差しできなくなる場合も

●トラブルの予兆を発見する

　フルートはメカニズムの塊です。すべてのトーンホールにキイが付いていて、常に完全な密閉度を保っている必要があります。複雑な構造ですから、フルートのメンテナンスは基本的にはリペアの専門家に任せるべきですが、日々のチェック、確認は奏者の仕事です。トラブルを未然に防ぐためにも、楽器の状態を把握しておきましょう。

①日々の点検

　　◆**頭部管**　ヘッドコルクの緩み、ヘッドキャップの点検、反射板の位置を掃除棒に刻まれた線で確認（17.1〜3mm。メーカーによって異なる）、

歌口（内部の汚れ、エッジの傷）、ジョイント部分（傷、ゆがみ、へこみの有無）
- ◆**キイ**　複数のキイの連結（押さえたときに連結している、もう一方が密閉されるか）、ガタつきの有無
- ◆**パッド**　汚れ、破れ、ゆがみ。トーンホールに触れる部分はリング状の溝が付きますが、溝が黒く深くなったら、外から見えなくても破れている可能性があります。パッドの弾力も失われていくので交換を考えます。

②**定期的な点検**

　毎日練習するなら数か月おき、少なくとも半年に１回は、楽器店などでリペアを専門とするスタッフから「検診」を受けましょう。

　２〜３年に一度はオーバーホールをするとよいでしょう。オーバーホールでは、すべてのパッド、コルク、フェルトの交換、キイのガタつき、ジョイントの緩みなどの調整補修、注油などのほかに、黒くさびた銀を新品同様に磨くこともできます。

　オーバーホールには費用と時間がかかります。予備の楽器を持っていないのなら代替楽器の手配も考えなくてはなりません。また新品同様にピカピカになった楽器は、響きも新品のように変わって、元の状態に戻るまでは時間がかかることがあります。もし大事なコンサートを控えているのなら、直前に大きな調整をすることは、慎重に判断してください。

●急なトラブルへの対処

　トラブルがあったときには、楽器店に持ち込むのが大原則です。どうしてもそれができない緊急時の応急処置を紹介します。

- ◆**音が出ない**　キイを支えているシャフトを止めるネジが緩んでいたら締める。締め過ぎに注意します。
- ◆**キイの連結の狂い**　パッドの吸水紙や市販のあぶらとり紙を調整部分に挟む。切手の「のり」を使うのが簡単。調整ネジが付いている楽器は、小さいマイナスドライバーを使いましょう

◆ **バネのトラブル** 外れていたらバネかけ、もしくはドライバーで元に戻す。折れていたら輪ゴムなどで応急処置しましょう。

◆ **コルク・フェルトのはがれ** ゴム系接着剤を使用しましょう。

応急処置で乗り切ったら、すぐに楽器店などで修理しましょう。ほかにシャフトのたわみ、ポストの曲がり、頭部管、足部管が入らない・抜けない、ジョイントの変形、管体がへこんだ、曲がった、はがれた、折れた、割れたなどのトラブルも楽器店で修理しましょう。

●楽器の選び方

これからフルートを始めようという初心者にとって、楽器の選び方、買い方は難しい問題です。入門用のモデルでもフルートは安い買い物ではありませんから、選び方は慎重になります。

あまりに安い楽器を長く使うことには限界があります。消耗品であるパッド（タンポ）は、1年から数年で交換する必要が生じますが、すべてのパッドを交換する場合は安いフルート1本と同じくらいの費用がかかります。数万円のフルートに同額の費用をかけて調整・修理をしても元の状態には戻らないでしょう。頭部管が銀製、洋銀の管体に銀メッキがかけられたモデルであれば、定期的なメンテナンスを欠かさなければ長く使うことができます。

これからフルートを始める人が、プロ仕様の楽器を最初から持つことは勧めません。プロや音大生が使う楽器に総銀製や金の楽器が多いのは、重量の大きな楽器を吹きこなせる体力と技術が備わっているからです。フルートを将来にわたって長く楽しむのであれば、**上達に応じて買い換える**ほうが現実的です。

まだ楽器を持っていないのなら、フルートの先生のアドヴァイスを受けて楽器を選ぶべきです。楽器を買い換える場合も同様です。そのような機会がない場合は、管楽器の専門店、なるべく大きな楽器店でフルート専門のスタッフに相談しましょう。

教わる、教える

●優れた奏者はモノマネ上手

　上達のために最も大切なのは**「良い師から学ぶこと」**に尽きます。

　体格や気性などは人それぞれですし、楽器の演奏は繊細な作業です。目に見えない音や音楽について文章や図、動画などのみで自習することには限界があります。

　もちろん先生に習うことができない人もいるでしょう。教本を読んだりコンサートやCDなどの演奏を聴くことは、指導の有無にかかわらず必要不可欠です。その場合は著者や演奏者を師とすることになります。どのように演奏しているかを隅々まで解析し、一挙一動をまねしてみてください。優れた演奏家のほとんどは実は「モノマネ上手」です。これは遊びだけではなく、観察力と再現能力の訓練です。演奏だけでなくインタビュー記事なども、注意深く読めば参考になる情報が含まれています。

●理想の自分と現実の自分を聴き比べる

　そして「自分自身が自身にとってよい師である」ことも重要です。毎日の基礎練習のはじめから「理想と現実」を聴き比べることが大切です。

　自分が出したい音は？　奏でたい音楽は？　という「理想」に対して
　自分が出している音は？　奏でている音は？

という「現実」との間にどのくらいの差があるのかを、常にモニターします。そうして悪いところ、足りないところを具体的に拾い上げ、その原因を考えます。

●教わる姿勢

◆提案されたことは試す

　先生から言われたことが、ときには意に添わなかったり、以前言われたことと違う場合があります。それでも一度は意見に従って試すべきです。先生はあなたより優れた能力と長い経験をもっているはずです。あえて理想や目的と反対のことを言う場合もあります。

◆身に付くまで繰り返す

　先生のモノマネでもかまいません。勉強中はたとえ「一流演奏家の亜流」であっても、未熟な自分よりははるかに高い位置に存在するはずです。

◆「なぜそうなのか」を考える

　「なぜそのように演奏するのですか？」と問われたときに、「先生に言われたからです」と答えたなら、あなたは言われたことを十分に理解していないことになります。先生から言われたことの真意を理解し、自分の考えとして取り入れることができれば、次に同じような場面に遭遇したときに自分自身の力で解決することができます。

　世の中には数え切れないほどの音楽作品がありますが、そのすべての曲のレッスンを受けることは不可能なのです。

●教える姿勢

　教えるということは、教わる行為の裏返しです。生徒や、教えた後輩から「なぜそのように演奏するのですか？」と問われたら、説明できなくてはなりません。また、相手に対する敬意を片時も忘れてはなりません。

◆相手が理解できるように説明する

　「大きく、小さく」「ゆっくり、速く」など、指摘や提案は具体的であることが大切です。タイミングや音程も「タイミングがほかの楽器より遅い」「オクターヴの音程が低い」など、基準と比較して説明します。

◆**相手ができる範囲の課題を与える**

　相手のレベルを超えた指導や、大量の課題を与えても消化不良を起こします。特に初心者は、難しい曲を半年がかりで練習するよりも、やさしい作品を数多く仕上げたほうが効果的です。

◆**不合理、理不尽なことを強いない**

　かつて自分が行ったことには、多かれ少なかれ執着があります。また人間は指示する立場になると、変化を好まなくなるようです。

　でも思い出してください。かつて自分自身も理不尽な思いや疑問をもちながら練習したことはありませんか？　腹筋100回、大きな声を出して妙な姿勢で行った呼吸訓練、みんな一斉に f で行うロングトーン……。もし、このような「青春の思い出」があるのなら、それはあなたの胸にしまって、フタをしてください。後輩に引き継ぐ必要はありません。

◆**プロを手本にする**

　プロ奏者の所作を美しいと感じるのなら、それは無駄な動きがないからでしょう。プロ奏者の動作はどこも理にかなっていますし、逆にいえば理にかなった動作の積み重ねがプロ奏者である証（あかし）です。プロ奏者は理に適っていない姿勢でも演奏できますし、中には悪い見本を目にすることもあります。そういう演奏を見かけたら、反面教師としましょう。

　いちばん必要なのは
- **よい師に巡り会うこと**
- **自らがよい師であること**
- **信念を持ってことに当たること**
- **素直であること**

だと思います。

きほんの「上」に

音楽から広がる魅力

●見つめることで見つかる魅力

　フルートをじっと眺めてください。金属の輝き、精巧なメカニズム、指に吸いつくようなキイの形、溶接部分の美しさ、メーカーロゴの彫刻、見ていて飽きることはありません。

　楽器を手に取りキイの動きを確かめてください。スムーズに動くキイは、どのような仕組みでどのキイとつながっているのでしょうか？　弾力のあるパッド（タンポ）はトーンホールに吸いつくように密着します。

　長年使用して黒く変色した銀の地肌にも味わいがあります。木製のフルートやピッコロは下顎が触れる部分の色が、日によって変わることがあります。丁寧に磨くと色合いだけでなく音色も変わります。

　楽譜をじっと眺めてください。一つの全音符は4分音符よりもゆったりしたスペースを与えられて印刷されています。白い音符からはゆったりした時間を、8分音符や16分音符からはアラベスク模様のような規則正しさ、あるいはスクランブル交差点の人の流れのような乱雑さを感じます。

　出版されている楽譜も少し前までは職人の手作業により製版されていました。古いフランスの楽譜はサイズが大きく、ざらざらした手触りの紙は年月を重ねると茶色く変色しぼろぼろになりました。こういう楽譜を丁寧に補修することにも、愛おしさを感じます。

　すてきに思うこと、魅力を感じるものは私たちの周囲にいくつもあります。ただ、それを見つけることができなければ、それは存在しないのと同じです。魅力的な演奏をするためには、楽譜の中から美しさ、面白さ、興味深いことを見つけ出し、あなたの心がそれに共感する必要があります。そのためには音楽に関する知識と思慮深い行い、音楽に対する尊敬の念が欠かせません。

●音楽を通じて触れる歴史と文化

　現在フルートで演奏される作品は、ヨハン・ゼバスティアン・バッハ（1685–1750）が活躍した、後期バロック時代以降の作品がそのほとんどを占めます。これらの「クラシック音楽」を演奏・鑑賞することは、18世紀以降300年間のヨーロッパの歴史そのものに触れる行為です。

　社会の変化やテクノロジーの進歩も音楽に大きく影響しています。バッハやモーツァルト（1756–1791）は教会や宮廷に仕えて音楽活動を行いました。ベートーヴェン（1770–1827）も貴族の庇護のもとに活動を開始しますが、やがて従来とは異なり、それまでは消耗品であった音楽作品を、普遍的な芸術作品として後世に残すことを考えるようになりました。

　フランス革命以降、市民層の社会的地位や経済力が向上してくると、趣味として楽器を演奏する人が増えてきます。その中でも構造や取り扱いが容易で初心者でも気軽に演奏できるフルートの人気は高く、平易なアンサンブル曲やオペラをアレンジした2重奏曲や変奏曲が数多く生まれます。特に後者は、録音のない時代に家庭でオペラを楽しむ役割をになうものでもありました。

　テオバルト・ベーム(1794–1881)は1830年代からフルートの改良に取り組み、俗にベーム式と呼ばれる現在のフルート・メカニズムを考案しました。そのときから金属製のフルートが製作されました。

　19世紀の後半にはウィーン楽友協会大ホールやカーネギーホールなど収容人数2000人クラスのホールが世界各地に建設され、マーラーやリヒャルト・シュトラウスなどが、100名を超える大オーケストラを用いた作品を生み出しました。このような巨大なオーケストラを用いることは、18世紀の宮廷のスペースでは不可能なことです。環境の変化と技術の進歩が、音楽作品の変化を招いた要因となったと言えるでしょう。

　歴史は過去から現在まで糸でつながれたように脈々と続いています。音楽の歴史は決して音楽だけでなく、さまざまなカテゴリーの事柄が複雑に絡み合うようにつながっています。このようなことにも目を向けて、音楽の奥深さを楽しむ糧としてはいかがでしょうか？

きほんの「上」に

失敗に学ぶ

　だれもが「失敗しませんように」と祈りながらステージに上がることでしょう。そして「うまくいった」と充足感に包まれてステージを降りたいものですが、現実は（少なくとも私は）なかなかそうなりません。

●失敗する3つの原因

①準備不足

　ふだんできないことは本番でもできません。練習に費やす時間、努力、情熱が足りないと必ず失敗します。たとえ長時間練習をしても、思慮も情熱もなく、ただ漫然と時間を費やしたのでは、成功に結びつきません。また気持ちが先走り、冷静さを欠いても良い結果とはなりません。合理的思考をもって、丁寧に練習することが大切です。（p.74）

　課題の克服には時間がかかります。昨日できたことも一夜明けるとできなくなります。練習とはまさに「3歩進んで2歩下がる」の繰り返しなのです。本番までの時間を考えて練習スケジュールを計画しないと、完成に至らないことになります。

②本番特有の現象

・ふだんできることが本番ではできない
・練習と異なるテンポになってしまう、どんどん速くなる
・息が足りなくなる

　練習と違い、ステージではどうしても緊張します。心拍数は上がり、手足が震え、汗をかきます。ブレスも浅くなり、時間の流れが早く感じられます。誰でもこのような状況に陥ります。解決策は、**自分が納得できるまで練習を重ねること**。それに尽きます。

また、練習場所と違う環境に戸惑うこともあります。大きなホールでは自分の音が小さく聞こえるかもしれません。逆に、静寂な環境に自分の音が大きく聞こえることもあります。温度や湿度も異なります。

③**アクシデント**
・体のアクシデント
・楽器のアクシデント
・そのほかのアクシデント

　完璧な準備と本番へのシミュレーションを重ね、体調に気を付けていてもアクシデントは起こります。
　本番で起こってほしくないことの一つに「むせる」ことがあります。落ち着いて、可能な限りゆっくりブレスをすることで、ある程度は防げます。
　急に音が出なくなるなどの楽器のトラブルに対しては、楽器の構造と最低限の対処方法を理解しておく必要があります。**ドライバー**、**はさみ**、**あぶらとり紙**、**切手**（のりを利用するため）などを持っていれば応急処置が可能です。
　電車が遅れた、時間・場所が変更された、間違えた、などのアクシデントもよく起こります。時間にゆとりをもって行動しましょう。衣装を忘れた、ステージが暑かった・寒かった、照明がまぶしかった・暗かった、あるはずのものがなかった、いるはずの人がいなかった、などは臨機応変に対処しましょう。割り切り、気持ちの切り替えも大切です。

　最後に「運」について。これはコントロールできません。運頼みをするか、運が悪かったとあきらめるか…　信じる者は救われる、かもしれません。

●調子が悪いときは

　誰でも「今日はうまくいかない」「いつもの調子ではない」というときがあるはずです。これはプロでもアマチュアでも同じです。このようなときにどう対処したらよいのでしょうか？

◆原因を考える

　多くの場合、何かが「ほんの少し」いつもと違うはずです。アパチュア、歌口の位置・角度、指の形など、いつもと違う要素を探して対処します。特に楽器のセッティングがいつもどおりか再確認します。

◆体のこと

　唇が荒れた、腫れた、疲れている、憂鬱な気分などのわずかなコンディションの差も音として表れます。

◆対処法

　とにかくあせらない、平常心を保つことです。こういうときはイライラしたり、気持ちが落ち込むものですが「これ以上悪くならなければいい」くらいの気持ちで臨みましょう。

　また、あせるとふだんと違う緊張が体にも心にも表れます。唇や顔面の筋肉が緊張するとアンブシュアに影響を与えますし、腕が緊張すれば楽器の構え方が変わり、指や全身に余計な疲労を強いることになります。汗もふだんより多くかくでしょう。

◆日課練習の最初に戻る

調子の悪いときはすべてをリセットする気持ちで日課練習の最初へ戻ります。

●やさしい課題を行う

　今日やらなければならない課題は後回しにして、以前やった曲、いつでも吹ける簡単な曲、お気に入りの曲などを演奏します。練習よりも楽しむために吹きましょう。

●やめる

　それでもうまくいかないときはフルートをケースにしまいましょう。それで世界が終わるわけではありません。また明日があります。

その❻

専門的に勉強している人へ

●プロの条件

「プロフェッショナル」という言葉は「信仰告白」を意味するprofessに由来します。そこから聖職者、医者、弁護士などの専門職が、その職業倫理を守ることを誓うという意味でprofessionalと呼ばれるようになりました。プロフェッショナルとは「高い専門性を持ち、誓いを守り己を律することのできる者」を指します。

お金を稼いでいるかどうかは本来プロの指標ではありませんし、音楽家になるためにはどのような資格も必要ありません。自分の音楽に責任をもち信念をもって事に当たること、それだけが指標であり、条件です。

音楽活動で生活に必要な収入を得ることはとても困難です。それでも音楽をやりたい、フルートを吹きたいという強い気持ちをもっているのなら、どんな場所でもどんな立場でも、自分でお金を払ってでも演奏できるはずです。それこそ「プロ」といえるのではないでしょうか。

●アマチュアの心を忘れずに

日本フルート界の父とも呼ばれる吉田雅夫先生は、「アマチュアの心を忘れるな」とおっしゃいました。アマチュアの人は演奏や指導を受けるためにお金と時間を自ら払っていますが、音楽に対する熱意がそうさせています。

音楽を職業にしている人は、演奏や指導をすることによってお金を受け取ります。音楽に対する熱意はアマチュアと同じようにもっていますが、ともすればお金や名声に目が行き、「アマチュアの心」を忘れてしまいます。そのような人は自分を「ごまかして」演奏することなど簡単にできてしまいます。

プロフェッショナルな演奏家は、演奏の日時、場所、曲目、共演者などを自分で決められることは意外に少ないのです。好きなフルートを吹いていても好きな曲を吹けるとは限りません。

きほんの「上」に

コンサートへの出演

　大きなコンサートへの出演、あるいはコンクールやオーディションを受けるのに、特別な準備は必要ありません。ふだんどおりに練習し、ふだんと同じに演奏するだけですが、ふだんとは違う特殊な事情も存在します。

● 演奏以外のタスク

　初めて行く会場、かさばるステージ衣装、練習場所の確保、待機時間、気温や湿度の差への対応など、さまざまな雑用がまとめて降りかかってきます。あなたが主催者もしくは「インペク」（インスペクター：連絡・まとめ役）なら、各方面への連絡やアクシデントへの対応など、自分のコンディションを後回しにしてでも行う仕事があります。これらへの対処法として**「あらかじめ悪いコンディションを想定して練習する」**ことは有意義です。ウォームアップを行わずいきなり演奏する、寒い場所での練習などは、オーケストラでピッコロを演奏するときにも役立ちます。ベートーヴェンの《第9》やチャイコフスキーの《交響曲第4番》などのピッコロは、30分以上待ってからいきなりソロを吹きます。

● 自分以外のアクシデント

　誰か間違えた、落っこちた、飛び出した、いつもより大きい、小さいなど、周囲のアクシデントはつきものです。それにつられることなく演奏することが大切ですが、場合によってはアクシデントに合わせて臨機応変に対処することも必要になります。

　また音程が合わないと感じたときも、全員が誰かに合わせようと音程を動かすと、いつまでも、どこにも合いません。こういった「音程難民」になったときは、少し小さくソフトに吹いて様子を見ましょう。

おわりに

　音楽の楽しみ方はさまざまです。この本を読み終わった方は演奏する楽しみを（同時に苦しみも）知っていることでしょう。
音楽は幅広く、どんどん変化しています。ヨーロッパのクラシック音楽だけでなく、テレビやネットから流れる音楽、世界各地の民族音楽がさまざまに存在しますし、動物の鳴き声や風の音波の音も、聴く人の気持ちしだいで音楽と言えます。

　自分の演奏したことのある曲、これから演奏できる曲はごく一部でしかないのです。この本をきっかけに、フルートそのものの魅力に触れてもらいたいのはもちろんですが、まだ味わっていない音楽の魅力にも気付いてもらいたいと思います。

　たとえば、エチュードで知られるフュルステナウはシューベルトと、ケーラーやタファネルはチャイコフスキーと同世代でした。ゴーベールはラヴェルと同世代です。このような人のつながりを知ることから、音楽の視野が広がります。
　シューベルトの室内楽作品に触れたり、後輩にあたるリスト（ベートーヴェンの孫弟子です）の作品に触れてフュルステナウとの共通項を発見したり、ラヴェルの華麗なオーケストレーションの響きを、ゴーベールの室内楽作品に見つけたり。

　このような音楽の広がり、発見を得ること。音楽と歴史、文化とのつながりを広く知ること。自分の中にはない広い世界と、音楽を通じて出合うこと。そうした体験に日々出合えることが、フルートを通じて、音楽を通じて広がる大きな喜びです。

2018年10月
神田寛明

特別寄稿

「本番力」をつける、もうひとつの練習
誰にでもできる「こころのトレーニング」

大場ゆかり

　演奏によって、私たちの心を動かし、魅了してくれるすばらしい音楽家たちは、表現力が豊かで卓越した演奏技術はもちろんのこと、音楽に対する深い愛情をもち、音楽を楽しむ気持ちを大切にしています。そして、音楽や自分なりの目標や夢の実現に向け、真摯に音楽と向かい合っています。また、逆境やアクシデントをチャレンジ精神やポジティブ・シンキングで乗り越える強さとしなやかさもあわせもち、演奏前や演奏中には高い集中力を発揮しています。

　さて、日々の練習の集大成として最高のパフォーマンスをするため、本番に理想的な心理状態で臨むためには、心の使い方や感情・気分のコントロールができるようになることが必要です。

●こころのトレーニングを始めよう!

　まずは、これまでやっていたこと、できそうなこと、やってみようかなと思えることに意識的に取り組んでみましょう。

①**練習前後に深呼吸をしたり、目を閉じて心を落ち着かせる**
　　緊張・不安、やる気のコントロール
②**練習中に集中できなくなったときに体を動かしたり、気分転換をする**
　　集中力の維持・向上
③**ちょっとした空き時間や移動時間を利用して曲のイメージを膨らませる**
　　イメージトレーニング
④**本番で拍手喝さいを受けている自分を想像する**
　　イメージトレーニング

⑤練習記録をつける

　目標設定とセルフモニタリング（記録と振り返り）

⑥寝る前にストレッチやリラックスする時間をとる

　ストレスの予防・対処

●「練習記録」と「振り返り」でステップアップ！

　上達のためには、本番や目標への取り組み過程や練習内容・成果、体調・気分、できごとを記録し、振り返ることが大切です。記録と振り返りを行うことにより、自分の状態や課題、自分自身の体調や気分の波、練習の成果が現れるプロセスやパターンに気付けるようになります。また、記録することで、取り組み内容や頑張ってきたこと、工夫したことなどを、自分の目で見て確認することができるため、やる気を高く保つことにもつながります。本番前など不安が大きくなったとき、自信がもてないときに、あなたの練習記録があなたを励まし、本番に向かう背中を押してくれることでしょう。

練習記録の例

わたしの練習日記

日付	できた？	練習内容	結果	体調・気分
4月8日(月)	△	基礎練	スケールをいつも間違える	寝不足
4月9日(火)	◎	課題曲のC	うまくできた	元気
4月10日(水)	○	パート練	Eのユニゾンがそろった！	元気
4月11日(木)	△	譜読み	臨時記号で間違える	だるい
4月12日(金)	○	課題曲の全体合奏	いい感じ！	◎！
4月13日(土)	×	イメトレ	模試でほとんどできなかった	微熱
4月14日(日)	○	ロングトーンとスケール	10分だけだったけど、集中していい音が出せた	元気。午後からは遊んだ

《4月2週目まとめ》　←振り返る（1週間でなく1か月単位でもよい）

●先週より音が良くなってきたかも。
●指はやっぱり難しいから来週はゆっくりから練習しよう。

● 「振り返り」のポイント

　これまで練習してきたことや取り組んできた課題、目標が十分に達成できたかについて考えましょう。

　本番の成績や順位、点数、合否、ミスタッチの有無など「結果」も気になりますが、「プロセス（これまでの頑張り）」に注目しましょう。

● 音楽と長く楽しく付き合っていくこと

　心理学者のアンジェラ・リー・ダックワース博士は、一流と呼ばれる人たちは、生まれもった才能や資質に恵まれている特別な人なのではなく、グリット（やり抜く力）と呼ばれる一つのことにじっくりと取り組み、失敗や挫折にめげずに粘り強く取り組む力や努力を続ける力が非常に高いことを明らかにしました。ダックワース博士は、「努力によって初めて才能はスキルになり、努力によってスキルが生かされ、さまざまなものを生み出すことができる」と言っています。たとえ、２倍の才能があっても２分の１の努力では決してかなわないというのです。

グリット（やり抜く力）

● 情熱
- 一つのことにじっくりと取り組む姿勢
- 長期間、同じ目標に集中し続ける力

● 粘り強さ（根気）
- 挫折にもめげずに取り組む姿勢
- 必死に努力したり挫折から立ち直る力

せっかく始めた音楽を「才能がない」「素質がない」と言ってあきらめてしまったり、頑張ることをやめてしまったら、それは、自分で自分の可能性の芽を摘み、自らできるようになる未来を放棄してしまっていることと同じことになってしまいます。もし、「どうせ」「無理」「できない」と弱気の虫が出てきてしまったら、あきらめてしまう前に、音楽を好きだ・楽しいと思う気持ちや、初めて楽器に触れたときのこと、初めて良い音が出せたと思えたときのこと、仲間や聴衆と心を通わせ音を合わせて紡いだメロディーや一体感を思い出してみてください。

　そして、できない・うまくいかない今のことばかりにとらわれ続けて、ただやみくもに練習を繰り返すのではなく、できるようになった未来を明確に思い描きながら、できない今とできるようになった未来の違いを考えてみましょう。

　そうすると、できるようになるためにどうすればよいのか、今、自分に必要な練習は何か、乗り越えるべき課題は何かをはっきりさせることができます。さらに、うまくできている人のまねをしてみたり、うまくいくコツを見つけたり体感したりしながら、さまざまな工夫や試行錯誤を繰り返すことが、課題を克服するための具体的で現実的かつ効果的な練習にもつながります。

　才能や能力は伸びるものだと信じ、「今はまだできなくても、練習すればできるようになる」と考えるようにすると、今はまだできない課題の克服のための努力や挑戦を続けていく力が生まれてきます。まずは、「必ず、できるようになる！」と強く信じ、日々、できたことやできるようになったことに注目しながら、あきらめず、粘り強く、できるようになっていくプロセスを楽しみつつ、音楽と長く楽しく付き合っていってください。

大場ゆかり　九州大学大学院人間環境学研究科博士後期課程修了。博士（人間環境学）。武蔵野音楽大学専任講師としてメンタル・トレーニング等の講義を担当。『もっと音楽が好きになる　こころのトレーニング』を音楽之友社より刊行。

著者プロフィール

Photo © Masato Okazaki

神田寛明（かんだ・ひろあき）

東京藝術大学およびウィーン国立音楽大学で学ぶ。日本フルートコンヴェンション・コンクールおよび日本管打楽器コンクールにおいて第1位。赤星恵一、金昌国、細川順三、ヴォルフガング・シュルツ、ハンスゲオルグ・シュマイザーの各氏に師事。NHK交響楽団首席奏者。桐朋学園大学教授。大阪芸術大学客員教授。東京藝術大学講師。THE FLUTE QUARTETのメンバー。アジア・フルート連盟東京常任理事。

もっと音楽が好きになる 上達の基本 フルート

2018年11月30日　第1刷発行
2024年 5月31日　第6刷発行

著者————神田寛明
発行者———時枝 正
発行所———株式会社 音楽之友社
　　　　〒162-8716　東京都新宿区神楽坂6-30
　　　　電話　03 (3235) 2111（代表）
　　　　振替　00170-4-196250
　　　　https://www.ongakunotomo.co.jp/

装丁・デザイン——下野ツヨシ（ツヨシ*グラフィックス）
カバーイラスト——引地 渉
本文イラスト———かばたたけし（ツヨシ*グラフィックス）
楽譜浄書————中村匡寿
写真—————岡崎正人
協力—————株式会社ドルチェ楽器
印刷・製本———共同印刷株式会社

©2018 by Hiroaki Kanda　Printed in Japan
ISBN978-4-276-14580-1 C1073

本書の全部または一部のコピー、スキャン、デジタル化等の無断複製は著作権法上の例外を除き禁じられています。また、購入者以外の代行業者等、第三者による本書のスキャンやデジタル化は、たとえ個人や家庭内での利用であっても著作権法上認められておりません。
落丁本・乱丁本はお取替いたします。